Graded Chinese Reader 1500 Words
Selected Abridged Chinese Contemporary Short Stories

汉语分级阅读·1500词

史迹 编著

First Edition 2013

ISBN 978-7-5138-0555-1
Copyright 2013 by Sinolingua Co., Ltd
Published by Sinolingua Co., Ltd
24 Baiwanzhuang Road, Beijing 100037, China
Tel: (86) 10-68320585 68997826
Fax: (86) 10-68997826 68326333
http://www.sinolingua.com.cn
E-mail: hyjx@sinolingua.com.cn
Facebook: www.facebook.com/sinolingua
Printed by Beijing Jinghua Hucais Printing Co., Ltd

Printed in the People's Republic of China

Contents

V	Preface
X	Qiányán 前言
1	Yī、Shíbā Suì Jìnxíngqǔ 一、十八岁进行曲
99	Èr、Lǜféi-hóngshòu 二、绿肥红瘦
145	Sān、Gǎnqíng Wèntí 三、感情问题
177	Sì、Bā Yuè Shíwǔ Yuèliang Yuán 四、八月十五月亮圆
213	Wǔ、Fēngxuě Yè Guī Rén 五、风雪夜归人
239	Liù、Yí Kàn Jiù Shì Gè Xīn Jǐngchá 六、一看就是个新警察
289	Zǒng Cíhuìbiǎo 总词汇表

Preface

It is an established fact that reading practice is effective in improving one's proficiency in a foreign language. Thus, for students of Chinese as a foreign language, learning how to read Chinese is essential to the process of becoming familiar with Chinese words. To become effectively literate, students need to have a command of about 3000 to 5000 Chinese words. However, mastering such a large amount of Chinese vocabulary can be quite a significant burden. But students are eager to read in Chinese even with a limited amount of vocabulary. I once taught in the Chinese Department of Venice University and found that the students needed simple Chinese materials to improve their reading ability. This series, Graded Chinese Readers, is made up of such simple reading materials which have been specifically designed for students of Chinese as a foreign language to help them improve their reading comprehension. These materials can be useful both inside and outside the classroom.

Readability and language practicability are characteristics of the simplified stories in this series, based on contemporary Chinese novels, some of which are prize-winning literary works. The stories describe Chinese people's lives and the various social changes that have occurred since the 1980s in China. By reading these literary works, students of Chinese as a foreign language can gain a better knowledge of the everyday lives of the Chinese people. In order to help readers have a better comprehension of these works, each story has a "Guide to reading" which appears before the main text. Questions based on the texts and brief introductions to the authors are also included following the stories.

The series has already published *Graded Chinese Reader 1000 Words* (originally *Graded Chinese Reader 3*), *Graded Chinese Reader 2000 Words* (originally *Graded Chinese Reader 1*), and *Graded Chinese Reader 3000 Words* (originally *Graded Chinese Reader 2*). *Graded Chinese Reader 1500 Words* is the fifth book of the series. The stories have been selected from a range of contemporary short stories and novellas. The vocabulary is limited to about 1500 common Chinese words, which are mainly based on the 1500 high frequency words in the International Curriculum for Chinese Language Education (2008). The book also includes some of the 1200 Chinese words listed in the Chinese Proficiency Test Syllabus Level 4 (2010). In each story, words outside of these above mentioned categories, such as more advanced words, proper nouns, idioms, and complex sentence structures, are explained in notes at the side of each page along with some examples.

As for the words listed in the Chinese Proficiency Test Syllabus Level 4 (2010) but not in the International Curriculum for Chinese Language Education (2008), they are marked in this way: 安全. In order to make it easy for readers to look up new words, we offer a glossary at the end of the book, which includes the 1500 high frequent words in the International Curriculum for Chinese Language Education (2008) and the words of the Chinese Proficiency Test Syllabus Level 4 used in this book.

In *Graded Chinese Reader 1500 Words*, the most common words appear frequently in the text so that students can memorize them more efficiently. Additionally, the sentences are reasonably short, sentence structures are complete, complex sentences are avoided, and pinyin is used so that students can easily master each word's pronunciation and be able to look each character up in a dictionary. Each story has its own notes so that readers may choose whichever story they wish to read without having to refer to other stories' notes. In order to improve students' listening comprehension, CDs in MP3 format are attached to the book. Furthermore, a pinyin-invisible card is designed specially for those who wish to read only the characters. In addition, the stories are all illustrated with pictures, which will help students better understand the plot of each story. The main goal of *Chinese Graded Reader 1500 Words* is to reduce the difficulty of Chinese reading for students.

I would like to thank the College of Foreign Languages of Southwest Jiaotong University and my publisher Sinolingua for their helpful support, Professor Abbiati Magda of the Chinese Department of Venice University for all the valuable ideas she gave me when I was preparing the series, all the Chinese contemporary writers for their permission to adapt their works in the book, Fu Mei, Director of the Editorial Department and my editor Lu Yu, of Sinolingua, for their constructive suggestions and sincere help, my friends Peter Moon and Pat Burrows for their suggestions, and my student Wang Guan for part of the English notes included in the book. I would also like to thank my readers and all of the many other people who helped me, directly or indirectly, in the development of this book.

I sincerely welcome constructive criticism and helpful suggestions from both our esteemed colleagues and, of course, students of the Chinese language. We hope that this series, Graded Chinese Readers, will be helpful to all CFL students and readers.

The author can be contacted at: shiji0612@126.com

Shi Ji
January 2013
Chengdu, China

前　言

　　众所周知，通过阅读提高语言水平历来是被广为接受的、有效的语言学习途径。对于以汉语为外语的学生来说，通过汉语阅读来学习汉语词汇是非常重要的学习途径。通常情况下，要读懂一般的汉语材料，需要掌握3000至5000个汉语词汇。然而，外国学生要掌握3000个常用词难度非常大。但是学生们却渴望用他们有限的词汇进行汉语阅读。本人在威尼斯大学中文系任教期间，了解到学生们很需要这方面的阅读材料来提高他们的阅读能力。《汉语分级阅读》系列就是为世界各国汉语学习者编写的简易读本。《汉语分级阅读》系列的主要目的是帮助学生提高汉语阅读能力。该系列既可以作为课堂的汉语阅读教材，也可作为课外的汉语泛读材料。

　　《汉语分级阅读》系列所选的故事主要是中国当代作家的中短篇小说，有些是获奖作品。所选作品重点突出了作品的可读性和语言的实用性。通过阅读，学生可以在一定程度上了解现在中国人的生活，了解自20世纪80年代至今中国发生的各种社会变化。为了让学生更充分理解故事内涵，在阅读之前有英文的"阅读指导"，阅读之后有思考题和英文的作家介绍。

《汉语分级阅读》系列已经推出了《汉语分级阅读·500词》,《汉语分级阅读·1000词》(原名《汉语分级阅读3》),《汉语分级阅读·2000词》(原名《汉语分级阅读1》)和《汉语分级阅读·3000词》(原名《汉语分级阅读2》)。《汉语分级阅读·1500词》是《汉语分级阅读》系列的第五本。本书的故事选自中国当代的短篇小说。这些故事描写了自20世纪80年代至今的中国人的生活和中国社会发生的各种变化。《汉语分级阅读·1500词》的词汇量限定在1500个汉语常用词，主要根据《国际汉语教学通用课程大纲》(2008)1500高频词进行编写，同时参照了《新汉语水平考试大纲HSK》(2010)四级限定的1200词。对每篇故事中超出上述词汇以外的词、难词、专有名词、俗语及难句都进行了旁注，一些常用词给出了例句。对不在1500高频词内但包含在新HSK四级限定的1200词范围内的词，做了特殊标记

(如安全)。为方便读者查阅词汇，本书后附有1500个高频词及书中用到的新HSK四级词汇之总词汇表。

《汉语分级阅读·1500词》在编写过程中，尽量增加常用词的复现率，以此增强读者对汉语常用词的理解与记忆。句子力求简短，结构完整，尽量避免结构复杂的长句。故事正文均配上拼音，使学生尽可能地通过读音记忆词义和查阅词典。为方便读者能够按自己的兴趣任意挑选某篇故事去阅读，注释都是以单篇故事为单位重复出现的。为提高学生的听力水平，本书配有MP3格式的CD光盘；为适应学生的不同需求，本书配有可以隐去拼音的拼音隐形卡。除此之外，每篇故事还配有插图，以帮助学生更直观地了解故事内容。《汉语分级阅读·1500词》编写的宗旨是进一步降低汉语阅读的难度，帮助学生提高汉语阅读和汉语听力的水平。

《汉语分级阅读》系列的编写得到各界人士的关心和支持。非常感谢西南交通大学外语学院的领导和华语教学出版社的支持；感谢威尼斯大学中文系Abbiati Magda教授对本书的关心和指导；感谢为本书提供作品的当代作家们；感谢华语教学出版社编辑部主任付眉及编辑陆瑜对本书提出的宝贵意见和热情帮助；感谢朋友Peter Moon和Pat Burrows

提出宝贵意见；感谢我的学生王冠对本书做的部分注释翻译；感谢读者对《汉语分级阅读》系列的厚爱和提出的宝贵意见；感谢曾经以不同方式直接或间接帮助我完成本书的所有朋友们。对于你们的帮助，本人在此谨表示衷心的谢意。

我真诚希望《汉语分级阅读》系列能成为世界各国汉语初学者的良师益友，并希望广大读者和同人不吝赐教。

作者邮箱：shiji0612@126.com

史迹

2013 年 1 月

于中国·成都

一、十八岁进行曲[1]

原著：方方

[1] 进行曲: march (song); 十八岁进行曲: The March of the Eighteen-Year-Old Youth

一、十八岁进行曲

Guide to reading:

In this story, the narrator, "I", is a boy of eighteen. He graduates from high school and fails the university entrance examination, after which he stays at home, waiting for employment. He idles his time away with his best friends, Huahua (华华) and Tieshan (铁山), who were his high school classmates and are also awaiting employment. The boys do not know what to do with their lives and often wonder about their futures. Their families do not understand them and still treat them like children. They want to be independent like the adults in their lives, and be able to do what they wish, but they cannot find their way in life. "I", the boy in the story, is the youngest son in his family. He has dignified parents who often decide everything for him. His father is a famous surgeon, his mother is a Spanish teacher, and his brother works in a research institute. None of them understands him, which deeply depresses him and leads to his rebellious behavior. After half a year of living idly, he and his friends become more mature, and find ways to take control of their lives and pursue their own futures. "I", the narrator, again prepares for the university entrance examinations and is eventually successfully admitted into a military university. Although these boys experience problems in their lives and are cast down, they finally learn to overcome them and grow up to become mature men. This story describes the problems faced by eighteen-year-old boys as they grow up and the life of high school graduates in the 1980s when China began to reform and open up.

故事正文：

一

十八岁，这是我小时候特别向往[1]的年龄。十八岁像太阳一样火热，像月光一样纯洁[2]，像风一般自由。一个人到了十八岁才算得上一个站立着的人，公民权、选举权[3]……都要到十八岁才能获得。世界仿佛是为十八岁准备的。

十八岁是美好的岁月，是诗的岁月。

今年，我终于十八岁了。然而，我却对十八岁完全失去了兴趣。今年高考[4]，我没考上大学。就在满十八岁的前夜，我待业[5]了。阳光、绿草地，还有妈妈做的荷包蛋[6]，一切都变得乏味[7]。

"妈妈，你退休[8]吧，我来顶替[9]你。我十八岁了。"

1 向往: yearn for; look forward to
2 纯洁: pure
e.g. 她一直向往着纯洁的爱情。
3 公民权、选举权: civil rights; voting rights
4 高考: college entrance exams
5 待业: unemployed
6 荷包蛋: poached egg
7 乏味: boring, dull
e.g. 我觉得这部电影很乏味。
8 退休: retire
9 顶替: replace the work of sb., a phrase referring to the time when there was an employment system in China before the 1980s that allowed children of 18 years of age to work in their parents' work units when their parents retired.

"傻瓜[1]。妈妈是西班牙语[2]老师，你顶得了吗？"

我沉默[3]了。

"爸爸，你退休吧，我顶替你。我十八岁了。"

"傻瓜！我是医生，我退休，让你来给病人做手术[4]，非[5]弄死几个人不可[5]。"

我又沉默了。

"哥哥，我想问问……"

"去去去，你没事，我还有事呢。"

然后哥哥就不理[6]我了。

我开始恨了。爸妈说我傻瓜，哥哥对我说去去去，这就是我。可是，我应该恨谁呢？妈妈总是把荷包蛋夹到我碗里；爸爸总是关心我，怕我生病；而哥哥每天半夜起来为我盖好毛毯[7]。他们都是爱我的呀。然而，爱不等于理解。

---

1 傻瓜: fool
2 西班牙语: Spanish
3 沉默: be silent
4 手术: operation
5 非…不可: simply must
   e.g. 你们不好好练球，明天的球赛非输不可。
6 理: pay attention to sb. (usu. used in the negative)
   e.g. 我在路上遇见了她，可她没理我。
7 毛毯: blanket

因为待业,我没有事情可做,我整天闲逛[1]。

雨珍是我的班长[2]。她也在待业。今天我又闲逛到雨珍家。"雨珍,你在干什么?"

"学裱画[3]哩。"雨珍高兴地说。

"裱画!好啊,你爸爸会画,你会裱,以后还有温聪,你的男朋友。你们可以开小店了。"我心想,裱画的工作比当饭店服务员好。还有温聪,今年高考,他很走运[4],考上了美术学院[5]。

"那么,请问先生,您在干什么?"雨珍反问。

"我么?现在什么也不干。"我回答。

现在雨珍已经不是我的班长了,我们都一样没有工作,我不怕她。以前我总是怕她在早自习[6]时让我读外语。

1 闲逛: stroll
e.g. 他没有工作,经常在街上闲逛。
2 班长: monitor
3 裱画: frame paintings
4 走运: have good luck
e.g. 今天他很走运,找到了一个满意的工作。
5 美术学院: art academy
6 早自习: morning study

"Nàme dǎsuan zǒng háishi yǒu de ba?"
"那么打算总还是有的吧?"

"Dǎsuan? Sān suì shí dǎsuan mài bīnggùn, zhǐ mài gěi wǒ bà wǒ mā; wǔ suì shí dǎsuan zài gōngyuán kān dàmén, yí gè rén yě bú ràng jìn, suǒyǒu de huátī、mùmǎ quán ràng wǒ zìjǐ wán; shí suì shí dǎsuan dāngbīng, kěyǐ bú xiàxiāng; shíwǔ suì le, dǎsuan dāng lǎoshī, gěi xuésheng liú hěn duō zuòyè; shíqī suì, dǎsuan dāng gè yóuyǒng jiànjiàng; shíbā suì, nuò, jiù xiànzài, zài yě bù xiǎng dǎsuan le."
"打算?三岁时打算卖冰棍¹,只卖给我爸我妈;五岁时打算在公园看大门,一个人也不让进,所有的滑梯²、木马全让我自己玩;十岁时打算当兵³,可以不下乡⁴;十五岁了,打算当老师,给学生留很多作业;十七岁,打算当个游泳健将⁵;十八岁,喏,就现在,再也不想打算了。"

"Gē ge……" Yǔzhēn dàshēng de xiàole qǐlái.
"咯咯……"雨珍大声地笑了起来。

kàndào Yǔzhēn gāoxìng de yàngzi, wǒ xīnli hěn bù shūfu. Wǒ yě xiǎng zhǎodào shìqing zuò, měi tiān dōu gāogāo-xìngxìng de. Kěshì wǒ bù zhīdao wǒ yīnggāi zuò shénme.
看到雨珍高兴的样子,我心里很不舒服。我也想找到事情做,每天都高高兴兴的。可是我不知道我应该做什么。

"Bié xiào le." Wǒ lěnglěng de shuōle yì shēng, ránhòu wèn: "Yǒu yān ma?"
"别笑了。"我冷冷地说了一声,然后问:"有 烟 吗?"

"Duìbuqǐ, méiyǒu. Nǐ hái xiǎng chōuzhe xiāngyān biǎoxiàn nǐ de wēifēng me? Wǒ kě bù xiǎng." Yǔzhēn
"对不起,没有。你还想抽着香烟表现你的威风⁶么?我可不想。"雨珍

1 冰棍: ice-lolly
2 滑梯: children's slide; 滑: slide
3 当兵: join the army
e.g. 他高中毕业以后就去当兵了。
4 下乡: go down to the countryside or rural areas during the Cultural Revolution (1966-1976)
5 游泳健将: top swimmer
6 威风: dignified manner

生气地说。

"好吧,那么再见了,班长。面包会有的,香烟也会有的,一切我都会有的。"说完,我就走了。

我故意让雨珍不高兴。谁让她总是比我走运呢!原来以为高中毕业了,出了校门,我们该平等[1]了,没想到,她找到了事情做,又走在了我前面。唉——

我知道,我有点儿喜欢雨珍,可雨珍喜欢的是温聪。温聪现在上了大学,大家都很羡慕[2]他。而我还在待业、闲逛,我有点儿嫉妒[3]雨珍和温聪。

我闲逛到"街待办[4]"。很多没考上大学的青年人经常来这里找工作。在"街待办",我碰到了我的同学华华和铁山。我们是好朋友。他俩跟我一样都没考上大学,在家待业,没事干。和他们在

1 平等: be equal
e.g 男女平等;人人平等
2 羡慕: envy, admire
e.g 你的汉字写得真好,我很羡慕你。
3 嫉妒: be jealous of
4 街待办: community job center

一起，我就不再嫉妒那些走运的人们了。

"工作有什么消息吗？"我问。

"街待办的消息是：别着急，慢慢来。"华华说。

"嘿，好长时间没玩儿了。咱们玩玩儿吧！"铁山说。

"玩儿就玩儿呗[1]。"我和华华说。

在"街待办"院子的外面，有一棵大树。我们不知道那是一棵什么树。华华叫它"牛奶"树。因为树叶[2]流出来的树汁[3]像牛奶一样白。不过那种"牛奶"不好喝，我尝过。

我们来到这棵大树下面。

"上去！"华华说。

我和铁山立刻像猴子似的爬了上去。我们在树杈[4]之间翻上翻下，我们在玩儿游戏。六年前小学毕业的时候，我们在

---

1 呗：(used to show that sth. is self-evident)
2 树叶：leaf
3 树汁：juice of a leaf
4 树杈：tree branch

这棵树上玩儿过最后一次，一直到今天，我们十八岁。在紧紧张张地过了六年之后，我们又回到了老地方。树长大了，我们也长大了，现在我们还像小孩子那样玩儿游戏，觉得太没意思了，我们只玩儿了一遍。

我说："雨珍学裱画，真够运气[1]的。"我累了，骑在一根树杈上。

铁山说："你急什么呀。你爸妈的工资[2]比我爸妈的高多了。他们养着你，你就放心吧，饿不死你。跟我比你就不用发愁[3]了。"铁山的爸爸是公园的看门人，工资很低，他母亲经常生病，他还有两个小弟弟，家里的生活比较困难。

"都像你这样，天下父母都别养儿子。养儿子有什么用，别说给他们养老，儿子大了还得继续养着。"华华对铁山说。

1 运气: have good luck
2 工资: salary
3 发愁: worry about
e.g. 他找不到工作，整天发愁。

"咱们以后老了怎么办……"我很担心地说。

"嘿,要是有木匠[1]、铁匠[2]、鞋匠[3]这样的事情,你俩干不干?"华华说。

"你干我就干!"铁山回答。

"我……得想想。你们知道,我和你们不一样。我爸爸是医生,妈妈教西班牙语,如果我去干这些事情,他们肯定不同意。"我说。

"那……我爸爸也不会同意。我爸想让我当演员。他认识一个电影导演[4],每次进公园都不收他的门票。那导演答应让我去试试。"铁山也改口了。

"那个电影导演什么时候说的?"华华问。

"今年五月。在公园门口,他们全家人都去公园玩了。不相信,你去问我

[1] 木匠: carpenter
[2] 铁匠: blacksmith
[3] 鞋匠: cobbler
[4] 导演: director

爸爸。"铁山很得意地说。

"够了,你这笨蛋[1]!"我骂了他一句。

"怎么?我当演员不行吗?"铁山指指自己的脸,不高兴地问。

"俏皮[2]!"有人在树下喊了一声。

"是猴子和大拿。"铁山一下紧张起来。他们在下面的树干上抹[3]上了脏东西,让我们没办法从树上下来。

猴子和大拿也是我们的同学,他们经常干坏事,欺负[4]人,是我们最讨厌[5]的同学。

有一次,学校开运动会[6],铁山第一次当女生篮球比赛的裁判[7]。女孩子们围着他叽叽喳喳[8]地说话,铁山显得非常得意。猴子嫉妒了,他正在追[9]女篮球队的一个女孩子。于是,猴子挤上去,当着

1 笨蛋: fool, idiot
2 俏皮: lively and delightful
3 抹: put on; smear
4 欺负: bully, insult
5 讨厌: dislike, hate
6 运动会: sports meet
7 裁判: referee
8 叽叽喳喳: twitter
9 追: chase
e.g.他正在追那个漂亮的女孩。

所有女孩子的面请她们去逛公园，并对她们大声说："铁山的爸爸是公园看大门的，不收门票。然后看着铁山大声地笑，还打了铁山。结果，华华当了裁判。华华很会打架[1]，很厉害[2]。比赛以后，华华约我一起把猴子打了。当然，猴子约了大拿又打了我们一次。这件事让铁山在猴子面前失去了勇气[3]。

现在猴子和大拿又来找我们的麻烦。

"我……我……华华……"铁山非常紧张不知该怎么办。

"怕什么，抱紧树干。"华华大声喊着。

猴子和大拿说，他们回去拿东西，然后再回来打我们。然后大笑着走了。我们得赶紧跑，不能等他们来了再跑。他们身上经常带刀子[4]。但是我们

1 打架: fight
2 厉害: formidable
   他很厉害，他学过中国功夫。
3 勇气: courage
4 刀子: knife

怎么从树上下来呢?树干上很脏,如果从树干上下来,我们的衣服就全弄脏了。

华华不怕,衣服脏了,回家换换就行了,他姐姐会给他洗。他有五个姐姐,他家就他一个男孩儿,她们非常爱他。我可不行,虽然我妈妈会给我洗衣服,可妈妈的唠叨[1]话太多,我不爱听,万一她再去告诉爸爸,那我的日子就更不好过了。所以我不同意从树干上下去,铁山更是反对。他不是怕洗衣服,他每天都要洗衣服,他爸妈的、弟弟的衣服全是他洗。从待业那天开始,他就开始干家务[2]。他爸爸上班,妈妈生病,弟弟小,他不干家务,怎么好意思坐在饭桌前吃饭呢?他担心的是他的衣服。他穿的这件衣服是他爸爸为他考演员新买的。为了

1 唠叨: chatter endlessly; repeat over and over
e.g. 妈妈总是唠叨他不爱干家务。

2 家务: housework; house chores

美,他现在就穿上了。

华华想了一下,说:"好吧。我们找一根长树枝[1],滑[2]下去。我第一,铁山第二。"

我说:"这个主意不坏。"这样滑下去,既安全又惊险[3]。

"不行,会摔[4]死的。"铁山害怕地叫起来。

"行,那你就在树上坐着,等着猴子和大拿来打你吧。"华华看着一根树枝,爬过去抓住树枝,树枝向下弯,华华双手抓住向下滑着,快到地面的时候,他一松手,就站到了地上。

"快点儿,抓紧时间。"华华高兴地举起了双手。

铁山胆子[5]小,他抓着一根树枝,吓哭了,一边滑一边哭出了声。到地面的

1 树枝: branch
2 滑: slip
3 既安全又惊险: both safe and adventurous; 既 … 又 … : both … and …
   e.g. 这个菜既好吃又便宜。
4 摔: fall
5 胆子: courage

时候，听见"嘶啦¹"一声，他的裤子破了，还好他的新衣服没破。

从树上下来以后，我们三人赶快跑。要是等猴子和大拿这些人来了，就危险了。他们身上有刀子，可能会杀人²呢。

我们跑到大冒家。大冒也是我们的同学。铁山的裤子破了，要换裤子，大冒借给他一条。正好大冒家里没有女孩儿。

"我明天要走了。"大冒说。

"上哪儿？告诉你，秋天到北京最好，香山³的红叶最漂亮，哈尔滨⁴也不错，有太阳岛⁵。"华华最渴望⁶的是旅行。不管什么地方，只要远离他父母和五个宠爱⁷他的姐姐，他都想去。他还没坐过火车呢。他家里的人一致⁸认为

1 嘶啦: the sound of sth. being torn up
2 杀人: murder
3 香山: the Fragrant Hills, a scenic spot in Beijing, which is famous for its red maple leaves
4 哈尔滨: Harbin, the provincial capital of Heilongjiang Province
5 太阳岛: Sun Island, a scenic spot in Harbin
6 渴望: yearn for
e.g. 他们渴望成功。
7 宠爱: dote on
8 一致: unanimously
e.g. 我们一致同意由他去买咖啡。

出门不安全，无论坐车还是坐船，都不同意他外出旅行。家里的人越是不让他外出，华华越想出门去看看外面的世界。但是华华只能看着地图旅行，路线[1]都画了好几条了，可惜，他一次也没旅行过。

"我要到乡下[2]去了。"大冒笑笑说。

"乡下？你想下乡[3]？你可真是个傻瓜。三岁小孩儿都知道乡下的日子苦，没前途[4]。要不，知青[5]们能回来吗？要不，我们毕业了还都留在城里？"铁山穿好了裤子。在大冒面前，好像他知道的事情大冒全不知道一样。其实，他家里没有人下过乡，乡下也没有亲戚。他对乡下的生活一点儿也不了解。他说的话全是他自己想象的。

"大冒，看他骄傲的样子，别借他裤子。"华华说。华华的五个姐姐，有三

---

1 路线: route
e.g. 你按这条路线走就可以到银行了。

2 乡下: countryside, village; rural areas

3 下 乡: go to the countryside

4 前途: future
e.g. 父母亲总是为孩子们的前途担心。

5 知 青: educated youth, a term for secondary school graduates who were sent to the countryside for reeducation during the Cultural Revolution(1966—1976).

个下过乡。二姐跟一个农民结婚了,现在还在农村。华华很喜欢他的二姐夫[1],每次回家过年、过节,二姐夫总是要从农村给华华带点儿好吃的,或者好玩儿的小东西。虽然这些东西又土[2]又小,但华华非常喜欢。而大姐夫却总是给他买书。如果是《福尔摩斯》[3]这样的书,华华倒也喜欢,可是大姐夫总是买一些《十万个为什么》这样的书。华华讨厌极了[4]。因为在《十万个为什么》里面根本没有他要问的问题。比如说:为什么我十八岁要待业?为什么我想独立[5]而独立不起来?所以华华很喜欢二姐夫,热爱[6]乡下,对乡下的一切都很感兴趣。

"我哥哥下过乡。我哥哥说,下乡也不是那么坏的事。虽然苦一点儿,但能让人学到很多东西。有一本书上还说,

---

1 姐夫: brother-in-law
2 土: rustic
e.g. 你也太土了,连这是什么都不知道。
3 福尔摩斯: Sherlock Holmes
4 极了: extremely
5 独立: be independent
e.g. 他想独立工作,可是他没有什么工作经验。
6 热爱: love ardently

不认识中国农民,就不认识中国。要是我爸妈同意,我都想下乡去闯荡[1]几年,再想办法回城。"我想,既然大冒决定下乡,还是应该多鼓励[2]他。十八岁了,一个人应该自己做决定了。

"我认为铁山说得对。喜欢下乡的人才是真正的傻瓜呢。我可不干。我到乡下是去赚钱[3]的。"大冒却同意铁山说的话。

"怎么赚?"

"我爸爸,嘿,他的办法可多了。他给我买了一个照相机。看,三十六块钱买的。我爸要我下乡,给农民拍照片。赚了钱,再买个好的照相机,什么牌子[4]的我忘了,反正是个外国牌子。"

啊,大冒也有事干了,而且这是一件多么有意义的事情啊。我们全愣[5]了,大家都不说话了。

1 闯荡: make a living away from home
2 鼓励: encourage
  e.g. 老师鼓励学生们自己解决问题。
3 赚钱: make money
4 牌子: brand
  e.g. 这辆汽车是什么牌子的?
5 愣: dumbfounded, stupefied

又少了一个待业青年。我们都很羡慕大冒。

"这主意不坏!"华华说。

"你……干得了么?"我问大冒。他爸爸很精明¹,可大冒却差远了。高中读完,连高中毕业证²都没有拿到。

"怎么干不了?上高中的时候,我爸就开始教我了。学了一年,全会了。"大冒学习不好,但是看上去挺骄傲的。他说:"我爸说,农民照相喜欢照人不喜欢照风景,所以不用考虑风景的问题。我爸还说,离城市近的乡下,收费便宜一点儿,离城市远的地方,可以贵一点儿,碰上乡下人办喜事³的时候,一张照片三五块钱都行。如果真是这样,嘿嘿,我一个月可以赚到一百多块钱呢。回来,我请你们吃蛋糕⁴,

1 精明: capable, shrewd
e.g. 他做事很精明。
2 毕业证: diploma
3 办喜事: hold a wedding
4 蛋糕: cake

三角形的，一毛一块，特别好吃。不过你们不要说出去哟。"

大冒越说越高兴，他的脸红红的，年轻、漂亮。他可以挣钱[1]了，他可以靠自己挣的钱生活了。看来，大冒也远远走在了我们前面。他已经有了养活[2]自己的能力了，而我们，刚才还在"牛奶"树上玩儿游戏。多好笑啊！我们还总说大冒是"傻大冒"，看来，我们自己才傻帽儿[3]呢。

夕阳[4]西下了。真不明白，既然是夕阳，又为什么那么火红。太阳在短短的一天中，就有早上和傍晚[5]两个火红的时刻[6]。早晨，它以力量[7]和热情，使东方火红了一次，获得无数人的赞颂[8]。而在我们的十八年当中，却没有一次火红的时刻，我们不能独立，我们没有

---

[1] 挣钱: earn money
   e.g. 他努力挣钱，是为了让他的弟弟能去上大学。
[2] 养活: feed
[3] 傻帽儿: idiot (dialect)
[4] 夕阳: the setting sun
[5] 傍晚: dusk
[6] 时刻: moment
[7] 力量: strength, power
[8] 赞颂: praise

可以做的事情。而今¹，我们连大冒也不如了。

华华、铁山和我在一起走路经常有说不完的话。这会儿，我们一起走着，谁也不说话了，只是看着自己的影子²向前走着。

十八岁啊，一个快活³的、骄傲的年龄，可是我们怎么感到如此地沮丧⁴呢？

二

每天的晚饭，是我们一家四口人在一起的时候。爸爸、妈妈、哥哥三个人，少了一个，就不能开始吃饭。他们都是家里的重要成员⁵。我在家里就没有那么重要了。我不在他们可以不等我，他们先吃。有什么办法呢？我在家里最小，又没有工作。

1 而今: at the present time
2 影子: shadow
3 快活: merry
4 沮丧: depressed
   eg 他比赛失败了，因此很沮丧。
5 成员: member

我回来晚了,我想他们肯定开始吃饭了,推开门,果然,桌上的饭菜冒着热气,他们已经开始吃饭了。

"小弟,你又跑到哪里去玩儿了?"哥哥一看见我就问。

"爬树,准备跟猴子和大拿打架,可是他们有刀子,没敢。"我故意生气地回答。

爸爸又要瞪¹眼睛了,妈妈用手制止²他。

"吃饭吧。你呀,还这么淘气³。哦,今天,居委会的徐大妈⁴来问我,你想不想到前面小饭馆去卖票,她们现在差一个人。我回绝⁵了,我们的儿子,不能去干那种工作。"妈妈为我盛饭⁶,又忙着替我夹菜。

卖票?虽然我也不好意思到小饭馆去卖票,可是,为什么不问我一下,就

1 瞪: glare at
2 制止: stop
3 淘气: naughty
   e.g. 这个孩子真淘气。
4 居委会的徐大妈: Aunt Xu of the neighborhood committee; 居委会: the neighborhood committee
5 回绝: refuse
6 盛饭: fill a bowl with rice

回绝呢？这事应该由我来决定呀。我感到很生气。

我说："我要吃什么菜我自己决定。"我把妈妈夹到我碗里的菜，都夹回给了妈妈。

"妈妈，您是自己找麻烦，他又不是没手。"哥哥说。

是的，我有手，这双手虽然不能挣钱养我自己，但是用来吃饭还是可以的。

我低着头吃了几大口饭。

"妈妈，雨珍有工作了，她学裱画。"

"噢，她家干什么的？"妈妈问。

"她爸爸是画画儿的。"

"这就对了，她爸画画儿，她裱画，正合适呀。咱们家呢？总不能我教课，你备课[1]，或者爸爸做手术，你去包扎伤口[2]呀。"妈妈说完，笑了。

爸爸和哥哥也都笑了。他们说的话

1 备课: prepare lessons

2 包扎伤口: dress a wound

"全是冲我来的。

"爸,大冒到农村去了。"我忍[1]住气,又说了一句。

"什么大猫小猫的。"爸爸随便说了一句。

"大冒是我高中同学。他爸给他买了一个照相机,要他到农村给农民照相,一个月能赚一百块钱哩。"

"小孩子,一开口说话就讲赚钱,怎么总想着赚钱?"哥哥瞪我一眼。

"当然要讲赚钱,要生存就要赚钱。"我说。

"好了,好了,还是说'工作'两个字文雅[2]点儿。他家是做什么的?"妈妈总是喜欢问别人家里的情况。

"他爸在小马路边摆摊儿[3]。"我说。

"这就很明白了,我们同他家不一样

---

1 忍: bear, endure
e.g. 她的头很疼,但是她忍住疼痛把工作做完了。

2 文雅: refined, elegant

3 摆摊儿: set up a stall
e.g. 他高中毕业以后,没有找到工作,就摆摊儿买上衣服了。

ma." Bàba shuō.
嘛。"爸爸说。

"Tīng bàba māma de, bié xiǎng nàxiē xiémén-wāidào.
"听爸爸妈妈的,别想那些邪门歪道¹。
Bàba shì zhè yídài yǒumíng de yīshēng, māma de
爸爸是这一带²有名的医生,妈妈的
xuésheng yòu duō, nǎ néng ràng nǐ zài wàimiàn zuò shēngyi
学生又多,哪能让你在外面做生意³
ne? Ràng rén xiàohua. Gōngzuò huì yǒu de, yíqiè dōu
呢?让人笑话⁴。工作会有的,一切都
huì yǒu de, zhèngfǔ méi wàngjì nǐmen." Māma wēnhé
会有的,政府⁵没忘记你们。"妈妈温和⁶
de duì wǒ shuō.
地对我说。

"Māma, nín lǎoshi duì xiǎodì qiángdiào wǒmen jiā de
"妈妈,您老是对小弟强调⁷我们家的
shēnfèn, zhè búduì." Wǒ méi xiǎngdào, gēge tūrán
身份⁸,这不对。"我没想到,哥哥突然
tì wǒ shuōhuà le.
替我说话了。

"Nǐ shǎo shuōhuà. Wǒmen shì shūxiāng zhī jiā,
"你少说话。我们是书香之家⁹,
shēnfèn shì bǎi zài nàr de." Bàba xùnle gēge
身份是摆在那儿的。"爸爸训¹⁰了哥哥。

Shēnfèn, shēnfèn yòu yǒu shénme yòng? Tā néng yí
身份,身份又有什么用?它能一
gè yuè mài èrshí kuài qián yǎnghuo yí gè rén ma? Kěxī
个月卖二十块钱养活一个人吗?可惜
bàba liǎnsè bù hǎokàn, wǒ bùgǎn dǐngzhuàng. Yàobù
爸爸脸色不好看,我不敢顶撞¹¹。要不
tā de kuàizi méizhǔnr huì dǎ dào wǒ de tóu shang.
他的筷子没准儿¹²会打到我的头上。

"Gēge, jīntiān Hóuzi hé Dànǎ qīfu wǒmen……"
"哥哥,今天猴子和大拿欺负我们……"

---

1 邪门歪道: crooked means
2 这一带: this region
3 做生意: do business
e.g. 他很会做生意,一年就赚了不少钱。
4 笑话: laugh at; joke
5 政府: government
6 温和: mildly, gently
e.g. 这家饭店服务员的态度很温和。
7 强调: emphasize
8 身份: status
9 书香之家: a scholarly family
10 训: rebuke
11 顶撞: talk back
e.g. 这个孩子很不懂事儿,经常顶撞他妈妈。
12 没准儿: perhaps

因为哥哥帮我说了话,我对他又恢复[1]了过去的好感[2]。

"别总跟这帮人在一起,你已经十八岁了,谁好谁坏应该能分清楚了。我像你这么大,割麦、插秧、赶牛车[3]什么农活[4]都干过。谁像你,总喜欢惹[5]事儿。"哥哥态度变得真快,又开始训我了。我真想发火[6]。

我放下碗筷,站了起来。桌上菜虽然很丰富,而我吃着却没有味道。他们没有一个人能理解我的心情。

"怎么只吃半碗饭?"妈妈急了。爸爸和哥哥也停下筷子看着我的脸。

"不想吃,不想吃了。"我有点儿想哭。但是,我清楚,要哭也不能当着他们的面哭。

我疲倦[7]地朝自己的房间走去。

---

1 恢复: recover
  e.g. 这两个国家恢复了外交关系。
2 好感: favorable impression
3 割麦、插秧、赶牛车: cut wheat, transplant rice seedlings, drive the ox cart
4 农活: farm work
5 惹: offend
  e.g. 她这句话惹他生气了。
6 发火: flare up
  e.g. 他没有完成作业,他爸爸对他发火了。
7 疲倦: tiredly
  e.g. 下班回家以后他感到很疲倦。

"回来!"爸爸喊道。好凶[1]啊。
"少在外面闲逛,多在家里读书,明年再去考一次大学。"
"还要考?还考你的医学院?等着吧!我不去考了!"我终于有了勇气顶撞了爸爸一句,谁让他还提起考大学的事呢?

这顶撞只是个开始,等着吧,更多的顶撞还在后面呢。

我躺在床上,看着窗外,天慢慢地黑了。今晚没有月亮。风从阳台,经过窗户,一阵[2]阵吹过来。夏天已经过去了,天气不那么热了,夜晚也变得温和起来。

电视里在演一个平庸[3]的故事,平庸的演员在平庸地表演着,吸引着无数平庸的人们。有人拉起了小提琴[4],高音,

1 凶: fierce, ferocious
2 一阵: (used to indicate the duration of an action)
3 平庸: mediocre
4 小提琴: violin

太高。小提琴的声音清澈而孤独[1]。风似乎[2]很喜欢这声音,不断地把琴声传到房间里。

我感到天下的人都不理解我。"他们这代人,比我们这一代人幸福多了,我们十八岁的时候……"爸爸的朋友们经常指着我说。

"这些孩子,比咱们可运气多了,我们十八岁的时候……"哥哥的朋友非常羡慕地这样说我。

幸福?运气?什么是幸福和运气呢?就是这样一天一天地什么也不干,就是这样一天一天地混日子[3]?就是吃饭穿衣不愁[4],或者长得白白胖胖?你们不是常告诉我们:物质[5]生活的丰富并不代表一个人的幸福和运气吗?

是的,你们有过十八岁,那是多么

---

1 清澈而孤独: clear and lonely; 孤独: lonely
2 似乎: seemingly
3 混日子: muddle along; drift along aimlessly
   e.g. 他什么都不喜欢做,整天混日子。
4 愁: worried, anxious
   e.g. 找工作很难。他经常愁他的工作。
5 物质: material

有内容、多么有意思的岁月啊！追求、困苦、愉悦¹，你们都有过。

爸爸妈妈这一代人经历过"反右²"、"文化大革命³"那些困难的日子。他们的经历让我们觉得很有趣。

哥哥这一代人，赶上了"文化大革命"和知青下乡。告别城市和亲人，在农村的田边⁴抱着吉他一边流泪，一边弹唱⁵，也算是有趣的经历。

我呢？什么经历也没有。至今能记得清清楚楚，而且永远也忘不了的是做不完的作业题。今年我超过了高考分数线⁶，因为志愿⁷没报好，没有上成大学，成了高考的失败者⁸。十八年，我的生活就这样单调⁹。他们谁也不理解我。

山是美的。如果它只是高而平，没有山峰和深谷¹⁰，没有森林，没有

1 追求、困苦、愉悦: pursuit, hardship, happiness and joy
2 反右: the Anti-Rightist Struggle (1957)
3 文化大革命: the Cultural Revolution (1966–1976)
4 田 边: edges of fields
5 弹 唱: sing while playing (a stringed instrument)
6 高考分数线: the cut-off point of the college entrance exam
7 志愿: aspiration, here referring to the college one chooses to attend
8 失败者: failure, loser
9 单调: dull, tedious
c.g. 他总觉得自己的生活很单调。
10 山峰和深谷: peaks and valleys

动物，它还会美么？

海是美的。如果它只是平而静，没有风和浪¹，没有船，它会美么？

我们的十八岁有许多你们的十八岁没有的东西。但是，你们的十八岁却有更多我们不可能有的一切。你们的经历使你们有了丰富的人生，也正因为如此，使你们在我们面前像山一样高、像海一样深。

我们很想像你们当年那样去迎接自己的十八岁，也想像你们一样走向社会，去寻找自己的人生。然而，我们刚十八岁就待业了。整天在家没事情做。你们待业过么？你们尝过什么事都不干、也不需要你干的生活吗？你们有过爸爸管着、妈妈宠²着、哥哥训着的十八岁吗？你们的十八岁是属于³自己的，

---

1 浪: waves
2 宠: dote on
  e.g. 他是家里最小的孩子，家里人都宠着他。
3 属于: belong to

而我的十八岁却不属于我。我吃得好、喝得香、睡得甜,但却一无所有[1],包括我自己也不属于自己。

那么,比较之下,是该你们羡慕我,还是我羡慕你们呢?

窗外小提琴声跟我的思想一样,清澈而孤独。我想,还是睡着了好。

我好像睡着了。我感到有人坐在我的床边。我睁开[2]眼睛。灯没开,屋里是黑的。可我知道,那是哥哥。我熟悉[3]他身上的味道。

"小弟。"哥哥叫我。我没说话,心里想:他训了我,我可没忘。

哥哥把我拉了起来,问:"生气啦?""像我这样幸福的人,怎么会生气呢?"我生气地说。我是真生气了。

过去,只要哥哥听说有人欺负我,就立刻

1 一无所有: possess nothing
2 睁开: (of eyes) open
3 熟悉: be familiar with
e.g. 这是他很熟悉的一首歌。

跑来帮我。虽然他不会打架，但是每次他都站出来保护我。哥哥是我的保护神。然而这次他却没听完我的话就开始训我了。他为什么不想想，我已经是一个十八岁的大人了，不能再像训小孩子那样训我了？

"没有工作，你挺苦闷¹的，是吧？"哥哥说，"这我能理解。"

我还是不理他。他能理解我什么呢？

"但是，你也不能成天这样闲逛呀。"哥哥不管我的态度，继续他的教育，"今年你高考考得不错，因为你的志愿没报好，失去了上大学的机会，这是家里的错。但是明年你还可以继续考啊！你再复习一年，明年考大学还有希望的。"

"考大学，哼²，谁想考谁去，我可不想考了。"我顶撞了一句。一说起考

---

1 苦闷: depressed
2 哼: humph (expressing disapproval or suspicion)

大学的事,我就想找人吵架¹。这使我又回忆起了高考的事情。

高考分数线下来,我非常高兴,我过了高考分数线,我们全班五十四个人,除了温聪,就是我,只有我们两个人上了高考分数线。我感到很骄傲。可是在报志愿的时候,我对妈妈说,我要报军事院校²。我最渴望的是当一名军人³。妈妈说:"不行,不许你报军事院校。"我根本没法改变她的主意。我说:"那我报地质学院⁴。我很渴望野外⁵生活,去爬山,去寻找地下的宝藏⁶,睡在山上的帐篷⁷里,听着山上的风声,看着山上的绿树,那种生活也是我向往的。"爸爸说我像小孩子一样胡思乱想⁸,在野外生活是很苦的。我说我知道苦,但我不怕,我喜欢。爸爸严厉⁹地说:"不行!我是父亲,

1 吵架: quarrel
2 军事院校: military academy
3 军人: soldier
4 地质学院: geological college
5 野外: open country
6 宝藏: treasures
7 帐篷: tent
8 胡思乱想: have foolish fancies
9 严厉: sternly
e.g. 这个老师很严厉,同学们都有点儿怕他。

我要为你负责¹。"我问那我怎么报志愿呢?
爸爸说:"报医学院!毕业时,我还能帮你分到好医院。"就这样,我的第一志愿报了医学院,第二志愿报了妈妈决定的大学。
我恨自己的那次妥协²,但也很快原谅³了自己。因为,那时我还没满十八岁,还是个孩子。倒是⁴家里人感到对不起我,从此以后,他们不敢跟我谈高考的事。事情就这样平静地过去了。
哥哥看着我抵触⁵的样子,站起身来说:"唉,你还是什么都不懂。"
"谁说我不懂,我懂得自己的事情要我自己决定,我懂得我应该工作,不应该靠父母生活。"我喊道。
哥哥提高了声音说:"可是,要得到这一切,必须靠你自己!自己去开创⁶,你懂吗?"

1 负责: be responsible for
e.g. 他的工作是负责这里的安全。

2 妥协: compromise; yield to

3 原谅: forgive
e.g. 他上课迟到了,他请老师原谅他。

4 倒是: (used to indicate a transition)
e.g. 你这样说,我没什么意见,倒是你妈妈可能会生气吧。

5 抵触: oppose
e.g. 对于学习,我们不应该有抵触情绪。

6 开创: create, initiate

"请问,你是怎么开创的?开后门[1]也是开创吗?你是怎么去电子研究所[2]工作的?这也叫开创吗?"我冷冷地笑道。

哥哥脸红了。哥哥原来是一家小工厂的工人,三年前,上了电大[3]。今年毕业时,电子研究所的所长[4]住在爸爸的医院里,爸爸找了所长,所长就把哥哥调[5]到研究所工作了。当然,哥哥能到研究所工作我是高兴的,但是,他训我,给我讲大道理[6],这样的哥哥要我相信他,我怎么会听呢?

没有月亮。小提琴声音也停了。这是一个没有梦的夜晚,这一夜我失眠[7]了。

三

时间一天又一天地过去了。早上我

[1] 开后门: do back-door deal
[2] 电子研究所: electronics research institute
[3] 电大: TV university
[4] 所长: head of an institute
[5] 调: transfer
e.g 他被调到研究所里工作了。
[6] 大道理: major principle
[7] 失眠: be sleepless

一推开窗户,看到树叶落了。天气变冷了,秋天来了。

华华和铁山来约我,我们一起看了电影《模范丈夫》[1]。看完电影华华说他再也不想结婚了。我觉得,如果大家都不想当"丈夫","计划生育委员会[2]"就可以不要了。铁山反对,因为这个单位没有了,又要出现很多待业青年,待业青年多了,我们找工作就更难了。

没想到铁山还想得那么远。

然后,我们走进一家冷饮店[3]。现在快进入冬季[4],很少有人喝冷饮了,我们没事儿,闲逛到这儿来。

"猴子和大拿跟人打架,差点儿[5]动刀子。"华华说。

1《模范丈夫》: Model Husband, a famous film of the 1980s
2 计划生育委员会: Family Planning Committee
3 冷饮店: shop selling cold drinks
4 冬季: winter
5 差点儿: almost
e.g. 他差点儿摔倒。

"可惜，没动，要不还真有点儿英雄气概[1]。"铁山说。

"这简单，叫他俩带着刀子来找你就行了。晚上，我去通知他们来找你。"我看了铁山一眼说。

"哎，不，不，我说着玩儿的，你可千万别去。我再给你买一个冰激凌[2]。"铁山立刻改变了口气。

"好吧。"我表示同意。

"雨珍最近如何？"华华问我。

"不知道。"我答道。

铁山拿来冰激凌，说："我们知道你喜欢她。要帮忙的话，尽管说。"

我说："有温聪呢，我不行。"

星期天，我去雨珍家，看见了温聪，他俩有说有笑的，虽然对我很热情，可我还是只站了三分钟就走了。

1 英雄气慨: heroic spirit
2 冰激凌: ice cream

铁山说："倒也是……哎，不过，温聪早晚会把雨珍甩掉[1]的，信不信？"

"别胡说八道[2]！"我不想听这种话。

"真的。华华，是不是？大学生十个有八个都甩女朋友，没见电影电视剧[3]都这么写吗？多着呢。"

"温聪不是那种人，再说，有没有雨珍我不在乎[4]。"其实，我只是见到她时，有点儿喜欢她，不见时，似乎也没去想念过。要是华华、铁山和雨珍三人出了远门，我最想念的肯定是华华和铁山。女孩子对我来说，还不那么重要。而华华和铁山却是我的铁哥们儿[5]。

"不谈这些。喂，咱们到雨珍那里去玩玩儿怎么样？"华华说。

华华提了个好建议，过去他经常和雨珍作对[6]，现在他也变了。我们一起

[1] 甩掉: desert

[2] 胡说八道: talk nonsense

[3] 电视剧: TV drama

[4] 不在乎: not care; not mind
e.g. 这里的工作很累，但是他不在乎。

[5] 铁哥们儿: best friends; close friends

[6] 作对: do things against; oppose

去了雨珍家。

雨珍没在家。她弟弟说，她到工艺美术厂[1]去学习裱画了，今天才开始。

真扫兴[2]，空跑一趟。我们只好往回走。

"还是雨珍行，她真能干！现在是女的比男的能干。"华华感叹道[3]。

"就是，打排球[4]也是这样。男的输[5]，女的赢[6]，踢足球，也是男的输。如果要是女的踢足球，说不定就赢了。"铁山补充[7]说。

"让铁山去当女的，让雨珍去当男的。"我笑了。

"那就好了。我不理温聪，只看上你。"铁山热情地对我说。

"我根本看不上你。"我对铁山说。

"哥们儿，逛马路[8]呀？"突然有人

1 工艺美术厂: factory of arts and crafts
2 扫兴: feel disappointed
e.g. 这个坏消息让大家很扫兴。
3 感叹道: sigh with emotion and say; 道: speak, talk
4 排球: volleyball
5 输: lose
6 赢: win
e.g. 在足球比赛中一班输了，二班赢了。
7 补充: add
8 逛马路: stroll through streets

喊我们。

猴子和大拿好像从地下突然出来似的，站在我们面前。铁山立刻跑到我和华华的背后。

"干什么？"华华问。

"嘿嘿，咱们是老同学嘛。"猴子笑着说。

"玩玩儿，玩玩儿嘛。走，旱冰场[1]上转转。"大拿友好地说。

我们不知道他俩为什么这么客气。但是，旱冰场对我们还是有吸引力[2]的。这几天，我们天天到旱冰场玩儿。在猴子的帮助下，我们的溜冰[3]技术提高得很快。猴子成了我们最好的教练[4]。我们随着《溜冰圆舞曲》[5]滑行，好像飞起来似的。在音乐中滑冰，我们热情地呼唤[6]着春天，苦闷在音乐中

---

1 旱冰场: roller-skating arena
2 吸引力: appeal
3 溜冰: go skating
4 教练: coach
5 《溜冰圆舞曲》: The Skaters' Waltz
6 呼唤: call

消失了，我们感觉到了青春[1]的活力[2]。一天下午，我们刚换下冰鞋[3]，猴子走过来说："哥们儿，今晚有点儿小事请各位帮帮忙。"

"没问题。只要你用得着我们。"铁山不再怕猴子了，他正想找个机会报答[4]猴子呢。

"什么事？"我问。

"大拿的亲戚搬家[5]，想请大家帮帮忙。"猴子边说边给我们一人一支烟。

"在哪儿，怎么去？"华华说。

"这样吧，你们在江边码头[6]等我，我来接你们，晚上八点。"

好吧，晚上反正没事。电视没什么好看的，书没什么好读的，家里也没什么好玩儿的。八点。猴子、大拿

1 青春: youth
2 活力: vigor
3 冰鞋: skating boots
4 报答: repay
5 搬家: move house
6 江边码头: pier

这些日子对我们还真够朋友[1]。

晚上，我正吃着饭，雨珍的弟弟来了。

"我姐姐在家哭。不说话，也不吃饭，我妈没办法。我想请你去劝劝[2]她。"

"马上，我马上来。"我赶紧把饭吃完，就跑步去雨珍家了。我一边跑一边想，是不是温聪把雨珍甩了？这样想我心里虽然有点儿生气，不过，好像也有点儿高兴。

到了雨珍家，雨珍在哭。看见我，赶紧用毛巾擦脸，装得很平静。

"你怎么来了？"她问。

"前几天就来过。想看看你有什么需要我帮助的。"面对她这不太礼貌[3]的问话，我显得很平静。

"你自己都帮不了自己，还帮

---

1 够朋友: deserve the name of a true friend
2 劝: persuade
   e.g. 这件大衣太贵了，我劝她别买了。
3 礼貌: polite
   e.g. 这个女孩十分有礼貌。

别人?"

"可我没哭。"我看着她红红的眼睛,"你也不是因为高兴才哭的吧?"

雨珍没说什么。她这才想起请我坐,给我倒茶。

我们沉默着。满了十八岁以后,我们最先学会的便是沉默。然而,沉默本来应该是不属于十八岁的。

最后还是雨珍先说话。她说:"我真恨这世界上的人。人们太自私[1]了,真没意思。"她说。

"有我吗?"我反问道。

她没有直接回答。"我到工艺美术厂学裱画,开始,他们以为我是哪个职工[2]的孩子,去厂里玩玩儿,就没注意我。可过了几天,见我老在那里,还问这问那,就开始四处打听我。不知怎么打听到我是

[1] 自私: selfish
[2] 职工: workers and staff

裱画的个体户[1]，就不让我进门了。"

"怕你抢他们饭碗[2]？"

"是的。今天，他们好几个人把我推出来，把我赶出厂门。还说，明天再看见我，就罚款[3]。"雨珍说着眼睛又红了。

"他们太欺负人了！"我心里也很生气。我们没有工作，全靠自己谋生[4]，还有人欺负我们，世界对我们太不公平[5]了，我们应该抗争[6]。"你打算怎么办？"

"不知道。爸爸会画不会裱。我的裱画技术不行，别人不会同我签合同[7]的。"雨珍愁眉苦脸[8]地说。

"对了，温聪的爸爸是文化局的领导[9]，也许会帮你。"我忽然想起温聪，抗争的勇气慢慢地消失了。

"对！"雨珍眼睛一亮，"明天我去找他，他肯定帮我的忙。"

1 个体户: self employed businessman; individual business
2 抢饭碗: compete for a job
3 罚款: impose a fine on
e.g. 不遵守交通规则的人就要被罚款。
4 谋生: make a living
5 公平: fair
6 抗争: resist
7 签合同: sign a contract
7 愁眉苦脸: distressed expression; miserable look
9 文化局的领导: leader of the culture bureau

雨珍又高兴起来。看到她高兴的样子,我感到有点儿**失望**[1]。她有温聪,我为什么帮她呢?

回到家,妈妈问:"她有什么事,你这么急急忙忙地跑了?"

"没什么,问题解决了。"我感到有点儿疲倦。

"同女孩子接触[2]要注意一点儿,你也不小了。"

"你不要管这些。我已经不小了,为什么不能给我一点儿自由呢?"我不耐烦[3]地说。

妈妈吃惊[4]地问:"你同雨珍真的……"

"没有。人家有温聪哩,温聪是大学生[5]。"

"二十岁以前,这些事,不要

1 **失望**: disappointed
e.g 这场足球比赛输了,他们很失望。
2 **接触**: contact
e.g 各种各样的人他都喜欢接触。
3 **不耐烦**: impatiently
e.g 等了很长时间,汽车还没来,他开始不耐烦了。
4 **吃惊**: in surprise
e.g 听到这个消息,我感到很吃惊。
5 **大学生**: college student

胡思乱想。学学你哥哥。"妈妈严厉地说。

"哥是哥，我是我！"我生气地回到房间。

哥哥在看书。他回过头，看看我。

"哥，你为什么不找对象？"我问他。

他一愣，然后说了一声："找了。"

这回答让我感到好奇[1]，我问："真的？是哪儿的？"哥哥真行，有了对象还不让爸爸妈妈知道。

"分手[2]了。"哥哥苦笑了一下。

"为什么？"

"家里不同意。"

"为什么？"

"她家是菜场[3]的。"

"那她呢？她不是卖菜的就行了嘛。"

"她也是。从农村回来顶替了她妈妈。"哥哥低下了头。

1 好奇: curious
e.g. 他第一次来北京，对这里的一切都很好奇。

2 分手: be seperated
e.g. 上个月他跟女朋友分手了。

3 菜场: vegetable market

他很痛苦。

我从来不知道这些。从来不知道哥哥心里也有痛苦。哥哥和爸爸、妈妈一样把我当小孩儿,总是严厉地管我,我觉得没人理解我。而现在,我发现也没有人能理解哥哥。

"那——你还喜欢她吗?"我小心地问。

"是的。"

"你们还见面吗?"我真想知道这些神秘[1]的事儿。

"没有。分手已经三年了。"

"那你不想她吗?"

"怎么不想。我们在乡下就开始恋爱[2]了。整整四年,我们本来是离不开的……"哥哥从一个<u>笔记本</u>里拿出一张照片。

我好像见过照片里的姑娘。她一定

1 神秘: mysterious
2 恋爱: be in love; fall in love

e.g. 雨珍和温聪谈恋爱了。

是怕爸爸妈妈，不敢常来。照片的反面写着："十八岁的妮妮赠[1]"。

十八岁，哥哥十八岁就有了情人[2]，多么让人羡慕啊！

"哥，你别难过。我明天帮你去找她。"我决定为哥哥做点儿事情，十八年来总是他为我做事，我还没帮过他一次呢。

"不用了。"哥哥说。

"为什么？"

"上个月，她结婚了。"

我太失望了。我讨厌那姑娘，对爱情这么不专一[3]。我把照片扔给了哥哥。

我感到哥哥在轻声[4]地哭，可我没有回头。心里嘲笑[5]他的软弱[6]！

世界上不只是我一个人软弱、苦闷、痛苦。更多的人是把痛苦深深地埋[7]在心底，然后努力地去干别的事情。这样

---

1 赠: present as a gift
2 情人: lover
3 对爱情不专一: be not constant in love
4 轻声: soft voice
5 嘲笑: ridicule
6 软弱: weakness, feebleness
7 埋: hide, conceal

做值得吗？

哥哥也够苦闷的。虽然我们的苦闷不一样。我想以后我不应该再用"开后门"的话伤害[1]他了。我慢慢地睡着了。

因为雨珍和哥哥的事，我把替大拿亲戚搬家的事忘得干干净净。我怕见到猴子、大拿、华华、铁山他们没话说。我决定在家里躲[2]几天。

我躺在床上看一本写古代战争史[3]的书。我对战争充满着好奇。一个青年人，穿上军服，那样子是多么地威风啊！

爸爸、妈妈，还有哥哥，几乎是同时走进门来。爸爸的目光非常严厉，妈妈的目光充满着不安，哥哥还比较平静。

"下班了？"我吃惊地问。可是桌上

1 伤害: hurt
2 躲: hide (oneself)
3 战争史: war history

的钟才十点。

没有人回答我。

"怎么啦?这么凶地看着我,要吃掉我?"我讨厌他们用这样的目光[1]看着我。

"你昨天晚上打算干什么?"爸爸严厉地问。

我不在乎地说:"没打算干什么。像每天一样,混日子呗。"

"你每天同流氓[2]一起混!现在混成这种样子了。"爸爸非常生气,背着手,在房间里不停地走动。

"谁是流氓?我偷了、抢了,还是杀人了?要是待业就是流氓,那我这个流氓还是你们制造[3]的哩!"我也发火了。

"放肆[4]!"爸爸正好走到了我的旁边,打了我一巴掌[5]。

[1] 目光: sight, gaze
[2] 流氓: hooligan
[3] 制造: make
[4] 放肆: (of words and actions) unbridled
[5] 巴掌: palm

我愣住了。完全不知道爸爸为什么会打我。要是在过去,我非大哭出来不可,而现在,我没有流泪,只是非常生气。爸爸还要打我。

"爸爸,您不该发火,先把事情弄清楚再说。"哥哥制止了爸爸。妈妈哭了,她流着眼泪,却把毛巾递[1]给我。我把毛巾扔在地上。我不需要怜悯[2]。

"小弟,华华和铁山早上被公安局传讯[3]了。"哥哥说。

"什么?"我吃惊地问,这消息使我立刻忘了爸爸打的那一巴掌。

"本来还有你。"

"我?"我吓得全身发抖[4]起来,

"为……为什么?"

"猴子和大拿昨晚到仓库[5]偷东西,被一个人发现,大拿把那个人打死了。

1 递: pass
2 怜悯: have pity on
3 公安局传讯: (public security bureau) summon for interrogation
4 发抖: trembling
5 仓库: warehouse

公安局在半夜抓到了他俩。他们说，同伙[1]有你、华华和铁山。"

我很吃惊，我们怎么成了他俩的同伙呢？就是一起滑冰？……哦，昨晚到江边码头会面，难道……

哥哥看了我一眼，继续说："公安局早上传讯了华华和铁山，他们到居委会问你的情况时，正好是雨珍的妈妈管这事。她向公安局证明[2]你昨晚在她家。现在的问题是：你了解这是怎么回事吗？"

我轻轻地坐下，情绪慢慢地稳定下来。感谢工艺厂，没有他们赶走雨珍这件事，那么，今天我就是一个囚犯[3]了。

"说呀，有没有这回事？"

"有的。"我回答。

"这件事你全都知道？"哥哥严厉地

---

1 同伙: partners, confederate
2 证明: prove
   e.g. 事实证明他这样做是对的。
3 囚犯: prisoner

问我。

"不,哥哥,你让我好好儿想想。"

我惊慌失措[1]了,似乎满十八岁以来还从没这样过。

我一五一十[2]讲了我知道的事情。我的声音发抖,感到自己软弱极了,我怕因为这件事爸爸、妈妈、哥哥讨厌我。十八年了,我是在他们的爱和保护下长大的。虽然,我常常想摆脱[3]他们的爱和保护,可是现在,我是多么渴望他们来保护我。

"没你的事,孩子。以后小心。"爸爸慈爱[4]地摸了摸我的脸。刚才,他还打了我。

妈妈又流泪了。她把我的头搂[5]在怀[6]里,轻轻地摸了又摸。

哥哥对我说:"小弟,别紧张了。去

1 惊慌失措: be thrown into a panic
2 一五一十: in full detail
3 摆脱: shake off
e.g. 他想快点摆脱这些麻烦事。
4 慈爱: affectionately
5 搂: hold, embrace
6 怀: bosom

公安局给华华和铁山做个证明吧。妈,我上班了。"

哥哥说的是最最重要的事。

因为雨珍全家和哥哥的证明,我解脱¹了;因为我的证明,华华和铁山也解脱了。那天晚上,他俩还真到江边码头去了,等了一两个小时也没见来人,就回家了。就在那时候,猴子和大拿因打死了人,只想着逃命²,早忘了约会的事。

出事后我们第一次会面的那天,我们三个人在一起大哭了一场,什么话都没说。以后,我们不再想溜冰场、江边码头、猴子和大拿,让这些事全埋在记忆的底层,永远不想再回忆起这些事情了。

1 解脱: free oneself from

🅮 他终于从困苦中解脱出来。

2 逃命: escape

四

我恢复了平静。星期天,我去找雨珍。她愁眉苦脸,显得很疲倦的样子。

"温聪的爸爸没帮你?"我问她学裱画的情况。

"温聪没告诉他爸爸。因为……因为……"雨珍脸红了。

"因为什么?"我奇怪地问。

"因为……温聪怕他爸爸知道,他和我好[1]的事……"雨珍终于说了。

我想起了哥哥和他那个妮妮,想起了父母亲慈爱而又残忍[2]地拆散[3]了他们。天下父母大概都是一样的。我希望雨珍不要像妮妮一样退让[4],也希望温聪不要像哥哥那样软弱,更希望温聪的父母不要像我和哥哥的父母一样褊狭[5]。

1 好: get on well with
2 残忍: cruelly
3 拆散: separate
4 退让: give in
5 褊狭: narrow-minded

我决定帮助雨珍："你等着,三天以内,我一定让你回到工艺厂。"

我决定帮助雨珍想办法。

我来到了美术学院。在一片小树林[1]里,我找到了温聪。

温聪是一个比哥哥更软弱的人。没听我把道理说完他就赶忙说:"不能找我爸。要是让他知道了就麻烦了。上高中时,他听说我和雨珍要好[2],几乎抓着我耳朵训了我一夜。不过,他不是看不起雨珍,而是说我们太小,应该把精力[3]放在学习上。现在,我上了大学,更不敢跟他提起雨珍。遇到这么个父亲,也够倒霉[4]的。"

我笑了,原来我俩差不多。

"告诉你,"我说,"雨珍不打算再学裱画了,她想去摆小摊儿。"

---

[1] 树林: woods
[2] 要好: be on good terms
[3] 精力: energy
[4] 倒霉: have bad luck
e.g. 今天很倒霉,他把钱包和身份证都丢了。

"为什么?"温聪紧张了。

"她学裱画,原来一半是为你。可你上了大学就不管她了,她觉得学也没意思。"

"胡说八道!"温聪跳了起来,"你回去告诉她,学裱画,一定要学,为了我和她。……不,我晚上回去一趟。"

我是故意这样说给温聪听的,没想到他真急了。我知道,他对雨珍是真心的,雨珍多漂亮啊。"别激动[1]嘛,雨珍的工作我去做,可是,学裱画的事还得靠你呀。"

"真的,我是一点儿办法都没有,我爸爸他……要不,我还能让雨珍着急?"温聪愁眉苦脸地说。

温聪就是这么软弱!多少人为了女朋友敢上刀山,敢下火海,[2]敢跳

1 激动: be excited; get excited
e.g. 他们一边看足球比赛,一边激动地喊着。

2 敢上刀山,敢下火海: be ready to undergo the most severe trials

长江黄河,他却不敢求自己的父亲帮自己的女朋友。

温聪太没有男子气概[1]了,我真是看不起他。

"哎——"温聪忽然抓住我,说,"你来帮一把好不好?你反正成天[2]没事,做点儿好事还可以丰富生活呢!老同学,帮帮我吧。"

我讨厌地把他的手推开。心想,是的,我没事,我成天没事,可我没事也不愿意替你办这件事啊。

"求求你,你去跑跑关系[3],我和雨珍一辈子[4]感谢你。"温聪也不看我的脸色,还在求我。

我真不想帮他,可是为了雨珍,我说:"好吧,我试试,告诉你,你以后要是对雨珍不好,我们会教训[5]你的。"

[1] 气概: mettle
[2] 成天: all day long
[3] 跑关系: seek back-door connection
[4] 一辈子: all one's life
[5] 教训: teach sb. a lesson

华华的拳头[1],你知道的吧?"

温聪高兴了,紧紧地握着我的手:"放心吧。其实,我和雨珍什么也没谈过,但好像就觉得一辈子得在一块儿。你说奇怪不奇怪?喂,你看中[2]咱们班哪个女生没有?"

"我吗?看中了一个,又分手了。"我望了望天上的云,心里想到了雨珍。

"真遗憾[3]!"温聪叹了口气。

不遗憾,替雨珍办事是愉快的。虽然也有一点点伤感[4],可那只是一点点啊。

晚上,我为雨珍的事想了很多办法,可是没有一个办法能解决问题。

华华和铁山来到我家。他俩的脸色很严肃[5]。我好长时间没见过他们了,他们怎么变得这么严肃?我都好像不认识他们了。

1 拳头: fist
2 看中: take a fancy to
3 遗憾: pity
e.g. 他没有看到这场足球比赛,感到很遗憾。
4 伤感: sentimental, sorrowful
5 严肃: serious

"我们准备出远门。"华华说。
"上哪儿?"我吃惊地问。
"不知道,哪儿都去。"
"怎么去?就你俩?去到处流浪[1]?"
不能怪我的问题太多,而是他们的决定太突然了。

"这些天,我们在跟一个木匠[2]学做木工。我们的师傅[3]木工技术特别好。他准备到外面找事情做,既可以挣钱,又可以旅行。开始他不带我们,我们跟他说了很多好话,他才答应带上我俩。"华华很平静,他似乎比前些日子成熟[4]多了。

"我们明天就走,现在来向你告辞[5]。"铁山说。

"你妈、你姐同意?"我心里有些慌乱[6],似乎此刻能有人不让他们走我才高兴似的。

1 流浪: wander; move from place to place
2 木匠: carpenter
3 师傅: master
4 成熟: mature
e.g. 他已经变得越来越成熟。
5 告辞: say goodbye
e.g. 时间不早了,我要告辞了。
6 慌乱: flurried

"她们同意不同意我不管。我十八岁了,应该可以决定我自己的事情。嗯,不过,她们听说后全哭了。"华华回答。

多么伟大而浪漫[1]的计划啊。这是一种让人感到激动的追求[2]。我几乎是一生下来就在等待这样的生活的到来。然而,我的朋友们却瞒[3]着我准备好了一切。我很生气。

"别……别生气……"铁山见我变了脸色,立刻说,"我本来要告诉你……"

"是我不让铁山告诉你的。"华华接过铁山的话。

"为什么?"

"因为你爸你妈。而你,怕他们。"华华认真地说。

"是呀,是呀。你爸妈肯定不会同意。你父母是知识分子[4],你家的身份,做这

[1] 伟大而浪漫: great and romantic
[2] 追求: pursuit
[3] 瞒: hide the truth from
[4] 知识分子: intellectual

"种事不合适。"铁山说。

"原来你俩平时是这样看我的?"我冷冷一笑。

"不,你家里人平时就是这样流露[1]的。"华华说。

"我呢?那么我呢?我是你们的朋友还是我父母是你们的朋友?"我喊道。这多么令人伤心[2]啊,你们还是我最要好的朋友不是?

"你当然是我们的朋友!"华华回答,"但是,你不敢违背[3]你父母的意愿。再说,外面的生活的确[4]很苦……"

"够了!你们走吧。没什么,我一个人照样能生活得很好!很好!我不在乎,什么都不在乎……"我气愤[5]极了。

华华和铁山被我轰[6]走了。可他俩却把我的心情搞乱了,乱极了。

1 流露: reveal, show
2 伤心: sad
3 违背: go against
4 的确: indeed
5 气愤: indignant, angry
6 轰: throw sb. out; drive off

我越来越感到孤独。父母是知识分子，他们嫌[1]我没知识，工农子弟却又嫌弃我知识分子的家庭出身[2]。唉，这种痛苦谁能理解？

我终于又想起了雨珍的事。第三天了，我还没有把雨珍的事办好。晚上，我问哥哥："哥，你认识工艺厂的人吗？"我没有办法，只有求哥哥。

"不认识。不过，我一个朋友认识。"哥哥说。

"真的？"我非常高兴地说，"求求你给我帮个忙好吗？"

"看你这可怜的样子，什么事？"哥哥笑了。他是高兴帮助我的。

我跟他说了雨珍的困难，她现在很可怜。其实，我自己却比她更可怜。

哥哥立刻换了鞋，带我一起去找那个

1 嫌: dislike, complain
e.g. 她嫌街上的人太多，不愿意上街。
2 出身: family background

朋友。

我有一个多么令人羡慕的哥哥啊。他比我高出一头。他的手放在我瘦瘦的肩头[1]上。他的步子很大，我要努力地迈[2]大步，才能同他并肩行走。

事情真是太顺利[3]了。哥哥朋友的父亲在外贸局[4]工作，他曾经为工艺厂联系过很多裱画业务[5]。于是，一个电话打到工艺厂的厂长[6]家，没有任何麻烦，厂长就同意了。雨珍可以在工厂跟最好的师傅学习三个月，时间再长些也没关系。

我心里真高兴，感到非常痛快[7]。我好久没这么痛快了。

"小弟，雨珍是你的什么人？"在回家的路上，哥哥问。

我一下子不知道该怎么回答，我知道

1 肩头: shoulder
2 迈: stride
3 顺利: smooth
e.g. 祝您工作顺利，心想事成。
4 外贸局: foreign trade bureau
5 裱画业务: picture framing business
6 厂长: head of a factory
7 痛快: happy, joyful

他问话中的意思。

"同学呗。"我说。

"你喜欢她?"

我沉默了。怎么回答这个问题呢?

"说呀!"

"喜欢。可是,她有温聪。他俩……更合适。"

"温聪为什么不帮助雨珍,而要你跑腿呢?"

"他上学呀。他学习很忙,没有时间啊。"

"你没嫉妒?"

"嫉妒。可我更应该帮助他们,保护他们的爱情。"我这是生平第一次说出"爱情"这两个字,这使我的心"突突"地乱跳。

"小弟,你很纯洁,也很高尚[1]。"

1 高尚: noble, lofty

哥哥沉默了好一会儿,才说。

"是么?我纯洁?高尚?这两个词似乎从来没有属于过我。我都快不认识它们了。

"当然,你的毛病[1]也很多……"

哥哥接着说。

我不想听这个"当然",但是我仍然感到满足。我觉得,我开始被哥哥理解和信任[2]了。在他眼里,我不再是一个像小孩子一样的小弟,而是一个可以同他共同讨论[3]人生、事业[4]和爱情的大人。

五

快过春节了。屋外刮着寒风[5]。天气寒冷,到处都在结冰[6]。不过,妈妈在屋子里生了炉子[7],屋里是温暖的,可是我的心却感觉不到温暖,我不知道我的

---

1 毛病: shortcoming, fault
2 信任: trust
3 讨论: discuss
   e.g. 请大家来讨论这个问题。
4 事业: career
   e.g. 他的事业发展得很顺利。
5 寒风: cold wind
6 结冰: freeze
7 生炉子: light a stove

前途在哪里，我将来能干什么。

早晨，我来到"街待办"，想找工作。

这是一个让人冷得发抖的地方，走进去，是需要勇气的。但像我这样的待业者们还是不断地走进这间房子里。满屋子都是待业者，他们在那里叽叽喳喳。我知道，这些待业青年的父母都是没有什么关系[1]的，他们只能来这里找工作。

"过了年再说吧。"街待办的负责人[2]对待业青年们说，让他们离去。我想，看样子，他还没有待业在家的儿子，而他本人也一定没有尝过待业的苦闷。

"大冒！"我突然发现我的同学大冒也在里面。

"哎——谁叫我？"他向四处看了看，"哈，是你呀。"

[1] 关系: networking, connection
[2] 负责人: person who is responsible for sth.

我们走到了一起。

"你怎么也来这儿了？你不是下乡了吗？不是给人照相挣钱去了吗？"我问。

"我的照相机被没收[1]了。"大冒难过地低下头说，"我没有营业执照[2]。而且，说我钱要得太多。虽然我开口要的钱不少，可是每次讨价还价[3]之后，我都没有多收钱，就那一次我多收了钱……"

我心里想，这个笨蛋！我问他："那么，以后怎么办，不干了？"

"我爸爸打了我，叫我替他看摊子[4]。可我不想，干那种事情，太、太不好意思了。"大冒说。

"是不好意思。"我同意这说法。

想想，一个小伙子坐在街上，见人就王婆卖瓜，自卖自夸，[5]多不好意思啊。

---

1 没收: confiscate
2 营业执照: business license
3 讨价还价: bargain
　e.g. 在摊子上买东西，要讨价还价。
4 摊子: booth, stall
5 王婆卖瓜，自卖自夸: (idiom) Every cook praises his own broth.

"喂，听说，春节过后要招工[1]。"

"真的？有哪些单位？"这是一个让人高兴的消息。

"不知道。反正殡仪馆、火葬场、环卫所[2]这三家是要招工的。"大冒说。

我听他这样一说，吓了一跳，立刻问他："到那些地方工作？你想去？"

"我想去，还不一定去得了呢。要考试，择优录取[3]。我那点儿文化……"

"别说了！"我转身走了，心里真是不好受。

街上，车多，人多，到处都是气球、彩旗、彩灯[4]，要过春节了，街上很热闹。各种各样的好消息不断从报纸、电视、广播中传出来。然而，它们都与我无关[5]。我不知道我的工作在哪儿。

春节到了。除夕[6]的晚上，我们家

[1] 招工: employ workers

[2] 殡仪馆、火葬场、环卫所: funeral parlor, crematory, environmental hygiene center

[3] 择优录取: enroll the best

[4] 气球、彩旗、彩灯: balloons, colored flags, colored lanterns

[5] 无关: have nothing to do with

[6] 除夕: New Year's Eve

吃年夜饭[1]。十个菜一个汤[2]。从我记事[3]起就是这样。我已经过了十八个这样的除夕夜，对年夜饭也没什么新鲜感[4]。哥哥还没回来，我们都在等哥哥回来一起吃年夜饭。

八点过后，哥哥才回来。他还带了一个姑娘，那姑娘不怎么漂亮。

"爸爸，妈妈，这是我的女朋友。她叫米米。米米，这是我爸，我妈。"哥哥平静地介绍。

爸爸妈妈你看看我，我看看你。他们愣在那儿。这可是他们没想到的事情。

"哥！"哥哥还没介绍我哩。

"哦，米米，这是小弟。我最好的……朋友。"哥哥想了一下。

不错。我有点儿喜欢"朋友"这个词，说："米米姐姐，你坐。爸，妈，

1 年夜饭: New Year's Eve dinner
🅒🅔 在每年的除夕夜，家家都要吃年夜饭。
2 汤: soup
3 记事: begin to remember things
4 新鲜感: feeling of novelty

"开饭了。你们不过年了?"

爸爸妈妈不像以前那样愉快地谈话了,他们变得拘谨¹起来。倒是哥哥的话特别多,好像他是主人,而爸妈是客人一样。我呢,就像一个旁观者²。

"你在哪儿工作?"爸爸问米米。

哥哥的脸突然变白了,赶紧回答:"在我们研究所。"

啊,我松了一口气³,妈妈也松了一口气,而哥哥仍然很紧张。

"你俩是一个科室⁴的?"爸爸又问。

"不,她在食堂⁵。"哥哥回答。

"食堂?"三个人同时重复⁶了这两个字,爸爸、妈妈和我。

这事又要复杂了。倒霉的哥哥。

爸爸妈妈的脸色像窗外的寒风一样冰冷。爸爸大口地喝酒,妈妈慢慢地

1 拘谨: overcautious, constrained
2 旁观者: bystander, onlooker
3 松了一口气: relax after an intense moment
4 科室: department, section
5 食堂: canteen
6 重复: repeat

吃着一条鱼。尴尬[1]和我们一块儿过年了。倒是哥哥显得很平静，他把最好吃的菜夹到米米的碗里。而米米，想放下筷子，却又不敢。她的眼睛里含[2]着眼泪。这被我看见了。

"米米姐姐，吃虾米鸡蛋[3]，这是我妈做的最好吃的菜。还有烧鸡[4]，鸡腿[5]给你。在我们家，一般最受欢迎的人才吃鸡腿的。哥哥，以后，我去你家，你得让米米姐姐拿出最好吃的菜招待[6]我哟……"

我一个人好像在表演，我已经好长时间没有一口气说这么多的话了，而且，也有好长时间没有这样快活轻松[7]了。我决心帮助哥哥。尽管妈妈不断给我使眼色[8]，爸爸也用咳嗽[9]制止我，我就好像什么也没看见一样。

1 尴尬: embarrassment
2 含: contain
e.g. 她含着眼泪跟他分手了。
3 虾米鸡蛋: eggs fried with dried shelled small shrimp
4 烧鸡: roast chicken
5 鸡腿: chicken drumstick
6 招待: entertain
e.g. 他经常招待外国朋友。
7 快活轻松: cheerful and relaxed
8 眼色: wink
9 咳嗽: cough

我打开了电视,春节晚会¹真不错。哥哥送米米,回来时已经快十二点了,电视节目还没结束。他一进门,妈妈便把电视关了。"你怎么这么不懂事²,也不问一下父母的意见,就带她来吃年夜饭。"妈妈责备³说。

"我现在不是来问你们意见的吗?"哥哥说。他显然⁴很不高兴,要不,他怎敢这样顶撞妈妈?

"你以为你这样突然地把米米带到家里,我和你爸爸就会同意吗?"妈妈生气地说。

"我知道你们不会同意。"哥哥又打开了电视,他坐在我的身边。

"知道我们的意思就好。我们都是为了你好。你难道不清楚你俩之间有多

1 春节晚会: Spring Festival Gala
2 懂事: sensible
e.g. 这个孩子很懂事。
3 责备: blame
4 显然: obviously

大的差距¹吗？"妈妈气冲冲²地走到哥哥面前，她正好挡³在了电视前。

"妈妈，你走开。我要看电视呢。"我生气了。当然，多半⁴是因为她训了哥哥。

"我知道得比你们清楚，所以我们才相爱⁵。"哥哥说。我觉得哥哥说的话太伟大了。

"什么爱不爱的？你根本不懂。你在寻求刺激⁶，而她在爱慕⁷你的门第⁸。"一直没说话的爸爸严厉地说，然后又关上了电视。

"爸爸！不许你这样说米米，说我们的爱情！"哥哥气红了脸，站了起来，"告诉您，爸爸，还有妈妈，我已经二十七岁了。我的生活应该由我自己做主⁹。我尊重¹⁰你们，但绝不会尊重你们的蛮横¹¹。"

1 差距: difference
2 气冲冲: furiously, enragedly
3 挡: block
4 多半: most probably
5 相爱: be in love with each other
6 刺激: stimulus
7 爱慕: adore
8 门第: family status
9 做主: make one's own decisions
10 尊重: respect
e.g. 尊重师长是中国人的传统。
11 蛮横: being rude and unreasonable

爸爸的眼睛都气直了。他被气得说不出话来。我真为哥哥高兴。对呀，我们的生活应该由我们自己做主。

我又打开了电视。

"那你给我滚[1]！"爸爸气愤地骂了一声。新年的第一下钟声[2]响了。我们迎来[3]了新年。

一进我们自己的房间，哥哥像赢了一场战争[4]一样，一下子躺在床上。

"哥，接下来怎么办？"

"反正再不会有第二个妮妮了，我不会再妥协了。"

"你们干脆[5]结婚，住在外面，别回来了。"我给哥哥出主意。

"我希望这样，可米米不同意。爸爸妈妈不同意，她就不跟我结婚。"哥哥难过地说。

1 滚: get out
2 钟声: sound of a bell
3 迎来: welcome
4 打赢了一场战争: win a war
5 干脆: simply, just

"为什么？"

"说不清楚。可能这就是生活。"

"这就是生活。"多简单的回答。

对于一些不好回答的问题，大人总是对我们这样说。

生活是复杂的。人们每天看的、说的是生活，而人们每天看不清楚、说不清楚的还是生活。没有任何一本书、一个老师、一个大人，向我们说清楚生活到底是什么！

我不懂生活，也不懂哥哥；但我懂得：帮助他，也是帮助我自己。

大年初一[1]。尽管昨天晚上一家人不欢而散[2]，但妈妈一早还是做好了香香的年糕[3]。

"妈，从今天起，我绝食[4]。"我说。

"为什么？"妈妈吃惊地问。爸爸和

---

[1] 大年初一: Lunar New Year's Day; the first day of the lunar year
[2] 不欢而散: part unhappily
[3] 年糕: New Year's cake made of steamed glutinous rice. It is the homophone of 年高, referring to better and greater progress being made year after year
[4] 绝食: refuse to eat

哥哥也很吃惊。

"你们什么时候同意了哥哥和米米姐姐结婚,我就什么时候吃饭。"我回答。

"你疯¹了?"妈妈叫了起来。

"别胡闹²,小弟。我的事跟你没关系。"哥哥说。

"怎么没关系?以后我还要找对象呢,说不定也找一个食堂的或者菜场的女孩儿呢。"我说。

"不吃也得吃,你少给我添³麻烦!"爸爸严厉地说道。

"那你少给哥哥添麻烦。"我回到我和哥哥的房间。

"妈妈,小弟是为了我。我也不吃了。"我听见哥哥把碗放下了。

哥哥也回屋了。我们俩躺在各自⁴的床上,什么话也没说。还用说

1 疯: get mad
2 胡闹: be mischievous
3 添: add
4 各自: respective
e.g. 他们两个躺在床上,各自想着心事。

么？我们的心是相通¹的。

门外，爸爸在生气，妈妈在哭。初一过得多么有意义啊！

晚上，妈妈坐在了我的床边。她拍了拍我说："去吃饭吧。"

我说："不！"

"吃过饭，和你哥哥一起，去约米米来家里玩儿。明天我们全家包饺子。"妈妈说。

"妈妈，你们同意啦？"我翻身跳了起来。

"妈妈！"哥哥跳了起来，他喊着妈妈，却扑²向了我。

"吃饭！哥哥。我肚子饿了。"虽然我也高兴，但还是不像哥哥那样激动。毕竟³今后幸福甜美的日子是他的而不是我的。

我仍然是一个"待业青年"。

1 相通: be interlinked
2 扑: throw oneself at
3 毕竟: after all

六

春节过完了。一个星期,两个星期过去了。

春天终于来了,准备考大学的高中生[1]也忙起来。美丽的鲜花、绿色的草地,还有温暖[2]的阳光,他们全都没有时间欣赏[3]了,整天[4]都忙于复习考大学!

现在我是多么自由。我随时随地[5]都能走进大自然,去欣赏美丽的春天。但是,很遗憾,我对什么都不感兴趣。半年的待业生活,每天没事干,我感到很疲劳[6]。人生还没开始,就已经累了。

我想起了雨珍,该去看看她了。

雨珍的心情很好,也很得意。

"裱画可有技术哩。先要这样把画拿

1 高中生: high school student
2 温暖: warm
3 欣赏: appreciate, enjoy
e.g. 这些外国人很欣赏中国的山水画。
4 整天: the whole day
5 随时随地: anywhere and anytime
6 疲劳: fatigued

起来，然后……"雨珍不停地说着。

"我可不想听你唠叨。"我不高兴地说。

"噢[1]，别生气。见到你，我一高兴，就忘了……"雨珍真是个聪明人。

她告诉我，她裱的第一张画，是温聪刚刚画完的。名叫:《秋天有金灿灿的小树林》[2]。他们准备把那张画作为礼物送给我，感谢我的热情帮助。

我赶紧说:"如果你们要这么做，我以后再也不上你家来了。那件小事不用感谢，我都忘了。"我帮助雨珍，并不是为了得到他们的感恩[3]。

"那……好吧。"说完，雨珍低下了头，有点儿不太高兴。

我想找一个合适的话题[4]，想了

---

1 噢: (used to express understanding)
2《秋天有金灿灿的小树林》: A Golden Grove in Autumn
3 感恩: gratitude
4 话题: topic

一会儿，问："你的店铺[1]快开张[2]了吧？"

"是的，下个星期五。那天是我的生日，十九岁。"雨珍望了望我，说，"你……能来祝贺[3]我吗？"

"当然！"我走了，心里感到既高兴又不高兴。

没想到铁山突然从外地回来了。他还带回华华给我的一封信和一把木头小手枪[4]。

华华在信上写道："……我们从出发的第一天，就感到，我们对得起世界上任何一个人，可是感到对不起你，我们留下了你一个人，真不知道你是怎么度过那些无聊[5]日子的。"

我的鼻子开始发酸[6]了。

"我们出来之后，遇到的困难比以前想象的多得多，但是我们的收获[7]

1 店铺: shop
2 开 张: open for business
3 祝贺: congratulate
e.g. 祝贺你顺利考上了大学！
4 木头小手枪: small wooden pistol
5 无聊: boring, senseless
e.g. 他没找到工作，整天待在家里，很无聊。
6 酸: sour
7 收获: gains, harvest
e.g. 他到外国学习了两年，收获很大。

也很多很多。我们读了十一年的书，但是这些书只能把我们从小孩子教成大孩子，而这一百多天的行走、劳动、观察，走入社会，使我们成熟了。我知道了为什么父辈和兄长[1]瞧不起[2]我们。和他们比，我们的生活经历太少了。因为，我们只在学校里看到世界的一个窗口[3]，而对外面的大世界和社会却一无所知[4]……"

华华简直像个哲学家[5]！我真羡慕他。我走出了学校，却没走向社会，而华华则走出学校开始了新生活。

"你为什么要回来呢？"我问铁山。

"师傅要回来考研究生[6]，我也想家。再说……我爸爸来信说，电影厂那个导演在挑演员。"铁山有点儿不好意思地说。

---

[1] 父辈和兄长: parents and elderly brothers
[2] 瞧不起: look down upon
  e.g. 他瞧不起那些只爱钱的人。
[3] 窗口: window
[4] 一无所知: know nothing about
[5] 哲学家: philosopher
[6] 研究生: graduate student

"那华华呢?"

"他一个人继续旅行,他说要走到长城。"

"啊,长城?有两千多年历史的中国长城!华华要去那儿!他会站在长城高高的烽火台[1]上望着大地,望着远方,然后从千万条道路[2]中找到属于他自己的一条。他已经这么做了。

"我要陪他,可他嫌我软弱,把我赶回来了。"铁山那软弱的样子,让人看了生气。

"那么导演挑上你了?"我问他。

"没有。导演说我没个性,样子软弱。他要找一个像高仓健[3]那样的小伙子。"

"这导演算是说对了。"

"我爸爸生气了,让我不要理那个导演。我现在每天在公园花房里打

1 烽火台: beacon tower

2 道路: road, path

3 高仓健: Ken Takakura, a famous Japanese movie actor in the 20th century

零工¹。"

"是么?"这倒是个新消息。"有意思吗?"

"我特别喜欢。"铁山说着来了精神,"种花、种草,我学得挺快。花房的头儿²对我不错。他说,他要跟领导说,让我爸退休,让我顶替我爸。等我工作以后,就给他当助手³。我怎么早没这么干呢?我真是一个笨蛋,跑出去跟华华吃了好几个月的苦……"

"祝你走运。"我笑着说。

"也祝你走运。"铁山真诚⁴地说,"你肯定会走运的。华华要我把木头小手枪给你,他只说了一句话:别忘了军事院校。瞧,我差点儿都忘了。"

手枪?军事院校?这使我又想起那几乎被遗忘⁵了的理想。我想了很多很多。

哥哥租了一间房子,让我帮他刷墙⁶。

---

1 打零工: do part-time job
   e.g. 春节一过完,很多农民就开始出来打零工了。
2 头儿: chief, head
3 助手: assistant
4 真诚: sincerely
5 遗忘: forget
6 刷墙: paint the wall

我想起了大冒,他的力气大,很会刷墙。

我去找大冒,他坐在他家的那条小街的入口处,嘴里喊着:"要想俏,赶时髦[1]!"

他开始摆摊儿了。他的摊子上的东西还挺时髦。羊毛衫、牛仔裤、美人像、领带、戒指、珍珠霜[2]……乱七八糟[3]地放在一起。

"你怎么还是摆摊儿卖东西了?你爸呢?"我见大冒那个样子,不由问道。

"他又买了一个照相机,自己下乡了。他嫌我笨。"大冒愁眉苦脸地说,"这下好了,哪儿招工都不能去了。"

"你想一辈子就这么生活?"我开始可怜他了。可是想想我自己,我又比他强多少呢?

[1] 要想俏,赶时髦: If you want to be smart, follow the popular fashions.

[2] 羊毛衫、牛仔裤、美人像、领带、戒指、珍珠霜: woollen sweater; jeans; portrait of a beauty; tie; ring; pearl cream

[3] 乱七八糟: in a mess
e.g. 这个孩子真调皮,把家里弄得乱七八糟的。

"不知道。也许我爸爸死了，我才能换换工作。"他说。

我沉默了。我们都被爸爸管着，他们那一辈人真不讲道理。

"一天赚多少钱？"

"我爸说每天不能少于十块。"

"卖得出去吗？"

"我爸能，可我不能。我笨呀。都三天了，没有一天是赚到十块钱的。"

"我明天来。买你一条牛仔裤，怎么样？"

"太好了。"大冒高兴地叫了起来，"最好再约几个人，一人买一条，帮帮我吧。"

"明儿见！"我没提刷墙的事。

"一定来呀！我帮你准备一支高级烟，进口货[1]！"

---

1 进口货: imported goods

我心里感到很不舒服，低着头走路。前面的路被堵[1]上了，高音喇叭[2]高声叫着。

这是因为犯人在游街[3]：其中有猴子和大拿。我的心"突突"直跳。大拿被判了死刑[4]，猴子被判了十五年。我没去看他们。我回家了。

"妈妈，给我十块钱行吗？"吃晚饭时，我小心地对妈妈说。向大人要钱，也真是一件不好意思的事。

"你想买什么？"妈妈温和地问。

"我想买条牛仔裤！"

妈妈望了爸爸一眼，仍然温和地说："为什么要买牛仔裤呢？我给你三十块，叫哥哥陪你去买一条海军呢[5]的裤子。"

"大冒的摊子上没有海军呢。你要给我三十，我就买三条。"我不高兴了，

[1] 堵: block up
[2] 高音喇叭: loud-speaker
[3] 犯人在游街: offenders are parading through the streets
[4] 判了死刑: be sentenced to death
[5] 海军呢: navy cloth

什么事都不让我自己决定。

"为什么一定要买大冒的东西呢？我告诉过你，不要在外面乱交朋友。"爸爸的话虽然不是很严厉，但是他不同意给我钱。

我说："大冒不是外人，他是我同学，我了解他。"

爸爸说："看见布告[1]了吗？猴子和大拿不也是你的同学吗？"

我心里感到非常难受[2]，我哭了，伤心地哭了。从我满十八岁的那天起我就想哭。

爸爸、妈妈和哥哥都放下了筷子。屋里非常安静，只有我的哭声。

"小弟，你哭大拿和猴子？"哥哥问道。

"不，我哭我们的十八岁。"我哭着

---

[1] 布告: notice
[2] 难受: sad

huídá。这是一个必须回答的问题。尽管我很难受,也还是要说出来。

晚上,爸爸、妈妈、哥哥都坐到了我的面前。他们的表情都很严肃。我不知道他们要说什么,只是觉得应该由我来说第一句话。

"从明天开始,我准备复习考大学。"我平静地说。

爸爸、妈妈都很震惊[1]。

"你想通[2]了?早该如此,早该如此。"爸爸的声音有点儿发抖。

"这正是我们要和你谈的呀。"妈妈高兴得又流泪了。

这几天,我想了很多很多。许许多多像我一样甚至比我更困难的待业青年都在"街待办"等着工作,但是光等着行吗?我把待业的同学认真想了一

[1] 震惊: shocked, amazed
[2] 想通: think through; 通: through

遍：雨珍开小店，自谋生路[1]；大冒有勇气摆摊儿；华华、铁山有追求，云游四方[2]，轻松愉快；还有猴子和大拿被判了刑。我却不属于他们中的任何一个。

我爸爸是医生。我妈妈是西班牙语教师。他们给了我一个"身份"，使我成为一个没有身份证[3]的有身份者。我应该依靠自己的努力去做事情，哪怕是面对失败[4]！

"我只有一个条件。"我说。

"说吧，说吧。"妈妈说。

"我只报考军事院校。"

"可以报考地质学院。"妈妈在让步[5]之后，还是没忘说出她的看法[6]。

"不，我说的是军事院校。"我坚定[7]地说。

"好，你想考哪个专业都行，这由你自己做主。以后，你的事全由你自己拿

1 自谋生路: make one's own living
2 云游四方: roam around everywhere
e.g. 这个年轻人喜欢云游四方。
3 身份证: ID card
4 失败: failure
5 让步: give in
6 看法: view
e.g. 现在看来，你的看法是对的。
7 坚定: resolutely

主意[1]。但有一点,要走正路[2]。"爸爸从来都要我听他的,今天,却让我独立做主了。

"一言为定[3]!"我看着爸爸。他的脸上出现了细细的皱纹[4],眼睛失去了那种严厉的目光。爸爸老了,记得去年他还不是这样。

"一言为定!"爸爸说。

春天又不属于我了。我属于那些复习高考的书和笔记,我准备迎接新的高考。

尾声[5]

在秋天[6]快要来到的时候,一切如愿以偿[7]。我被录取[8]到了我报考的军事院校。全家人都很高兴。爸爸喝了酒。妈妈把荷包蛋煎好了。哥哥和米米为了纪念[9]这个日子,跑去领了结婚证[10]。

1 主意: make a decision
2 正路: the right way; the correct thing to do
3 一言为定: It's a deal; That's settled
4 皱纹: wrinkle
5 尾声: end
6 秋天: autumn
7 如愿以偿: attain one's wishes
8 录取: enroll
9 纪念: commemorate
10 结婚证: marriage certificate

晚上,铁山、大冒、雨珍和温聪都上我这儿来了。他们的礼物都是用自己挣的钱买的。温聪没有工资,可他为我画了一张画。画的是长城。长城,这使我想起了华华,大概这时他正站在高高的烽火台上。

我们都不想谈过去的事情。只有老年人才把过去当做自己的骄傲和光荣[1]。而我们,过去是平淡、无聊、伤心的,我们只想早点儿忘了这一切!那么,我们就谈谈未来吧。因为未来对于我们仍然是一个谜[2]。

雨珍说未来是一张画儿;铁山说未来是一座花园;大冒说未来是彩色照片;我说未来是军人身后的和平[3];温聪则认为未来就是未来,他说这个谜一直要到我们死的时候,才能看到谜底[4]。

1 光荣: glory
2 谜: riddle
3 和平: peace
   e.g. 人们都喜欢和平的生活。
4 谜底: answer to a riddle

雨珍带头¹反对他。她认为谜底都在我们每个人自己手里握着²。时机成熟时，我们都能看到它。我、铁山和大冒全都同意雨珍的话。

啊，十八岁，这是一个多么莫名其妙³的年龄！年轻的心既充满了成年的自信⁴和骄傲，又混杂⁵着少年的敏感和脆弱⁶，时时感到寂寞⁷和孤独。

然而，忽然有一天，在太阳升起来的时候，十八岁便成了我的历史。十九岁的第一个早晨向我走来。

1 带头: take the lead
2 握着: hold, grip
3 莫名其妙: at a loss
e.g.他的话让我感到莫名其妙。
4 自信: confidence
5 混杂: mix
6 敏感和脆弱: sensitivity and fragility
7 寂寞: lonely

十八岁进行曲 won the Second Baihua Prize of 小说月报 (Xiǎoshuō Yuèbào). This story has been abridged according to Fang Fang's short story 十八岁进行曲, which was published in *Prize-Winning Works Collection of the Second Baihua Prize* (《小说月报》第二届百花奖获奖作品集), edited by the Novel Monthly Editorial Department (小说月报编辑部), Baihua Literature and Art Publishing House (百花文艺出版社), Tianjin, 2001.

About the author, Fang Fang (方方):

Fang Fang's original name is Wang Fang. She was born in 1955, in Nanjing, Jiangsu Province. She was a worker for four years before entering the Chinese Department of Wuhan University in 1978. Now she is a member of the China Writers' Association, and the chairwoman of the Hubei Writers Association.

Fang Fang began to publish works while she was at university. Her works include a novel, 乌泥湖年谱 (*Wūní Hú Niánpǔ*), and about sixty collections of stories and essays. Her works have been translated into English, French, Japanese, Italian, Portuguese, and Korean. Her novella, 风景 (*Fēngjǐng*) won the National Excellent Novella Prize, and her works, 十八岁进行曲, 桃花灿烂 (*Táohuā Cànlàn*), 纸婚年 (*Zhǐhūn Nián*), 埋伏 (*Máifu*), 过程 (*Guòchéng*), 在我的开始是我的结束 (*Zài Wǒ De Kāishǐ Shì Wǒ De Jiéshù*), 奔跑的火光 (*Bēnpǎo De Huǒguāng*) and 有爱无爱都铭心刻骨 (*Yǒu Ài Wú Ài Dōu Míngxīn Kègǔ*), won the eighth Baihua Prizes.

思考题：

1. 故事中的主人公十八岁了，这个男孩儿高中毕业以后是怎么生活的？
2. 谁是他的好朋友，他们都想做什么？
3. 他的父母和哥哥是做什么工作的？
4. 他为什么感到寂寞和孤独？
5. 他最后决定做什么？他成功了吗？
6. 十八岁是一个什么样的年龄？为什么？

二、绿肥红瘦[1]

Èr、Lǜféi-hóngshòu

原著：周克芹

yuánzhù: Zhōu Kèqín

---

[1] 绿肥红瘦: flourishing green leaves and withering red flowers

二、绿肥红瘦

Guide to reading:

The phrase "Lü Fei Hong Shou (绿肥红瘦)" in Chinese generally refers to flourishing leaves and withering flowers, denoting a scene of late spring. In this story, it implies that men who are like flourishing green leaves benefit from weak women who are like withering red flowers. Xiaoqing (小青) is a beautiful girl who is permanently blinded after being injured when her elder brother fights his classmate Xiaofeng (小丰). Xiaoqing's father frequently indulges in alcohol, often fights with other stonemasons, and does not care about his family. He often beats and curses Xiaoqing's mother, until he eventually dies after a fight with some of the other stonemasons. Xiaoqing's mother is a beautiful and capable woman. She has a lover, an old and weak stonemason from the city, and she devotes herself to him. In the 1980s, great changes take place in China, and the lover of Xiaoqing's mother returns to the city, leaving Xiaoqing and her mother alone in the countryside. According to the new policy, Xiaoqing and her mother are provided with their share of land, but it is hard for them to do farm work. Xiaoqing falls in love with a young stonemason, but eventually this young man also leaves the countryside. Xiaoqing's brother later becomes a rich man, but what he pursues is money and a prestigious family reputation, so he refuses to accept and acknowledge his mother and sister. The story reflects the fact that selfish men who benefit from poor women do not care about these women's lives and happiness. Xiaoqing and her mother are both independent and brave to depend on themselves, and although the two women live hard and lonely lives, they retain their dignity and do not yield to selfish men.

故事正文：

小青是一个农村小姑娘。

一天，小青的哥哥拉着她在芦苇[1]中跑。小青看到，夕阳[2]下的河面是金色[3]的，还有粉白粉白的芦花[4]。然后就下起雨来了。金色的河面[5]被打碎[6]了。

小青的哥哥拉着她穿过芦苇。因为脚下面是沙子[7]，她跑不快。哥哥说，以后一个人不要跑到河边来；又说，雨下大了，跑快点儿，淋[8]了雨是要生病的。她跟不上哥哥，可还是在跑，哥哥紧紧地拉着她的手，她觉得哥哥的手真有力气。……哥哥说，他跟小丰有仇[9]。小青不明白，对哥哥说："以前小丰哥哥经常到我们家来，你们是好朋友，你不应该跟小丰哥有仇。"哥哥说："快跑，你真傻[10]！"……突然，哥哥叫了

1 芦苇: reed
2 夕阳: setting sun
3 金色: golden
4 粉白粉白的芦花: pink and white reed catkins
5 河面: river surface
6 碎: broken
7 沙子: sands
8 淋: be drenched with (water or rain)
　e.g. 下雨了，他的衣服都淋湿了。
9 仇: hatred
10 傻: foolish

声:"他们来了。"小青停在哥哥身边,看见前面的芦苇里跑出来几个男孩子,他们是在公社中学[1]上学的几个男孩子。哥哥一把将小青拉在身后,对她说:"转过身去!"她把脸转过去了。她看见了河,雨点打在河面上。她听不懂背后的人在说些什么,好像是在吵架[2]骂人。但很快就没有声音了。她想看看这些男孩子怎么样了,就转过脸来,只见哥哥正在向他的对手们扬沙子。突然,小青感到好像有很多沙子飞进了她的眼睛里,她只觉得眼前一黑,惊叫了一声。她两手捂[3]住脸,感到眼睛里一阵[4]疼痛。双方立即停住了。哥哥回过头来,大声叫着她的名字:"小青!小青!"

几个男孩子跑进了芦苇,只有一个又

1 公社中学: commune middle school;
公社: commune
2 吵架: quarrel
e.g. 他们经常吵架,后来就离婚了。
3 捂: cover
4 一阵: (used to indicate the duration of an action)

黑又瘦的男孩儿没有跑,他是小丰。他非常害怕地走过来,脸色发白,小心地问:"小青,不要紧吧?……"他还没说完,小青的哥哥直起身来,一拳[1]打过去。这一拳打得很重,把小丰打倒在沙地上。小丰不想再打了,爬起来,走了。

"姓丰的,你记住,我还要找你算账[2]!"哥哥朝着小丰喊着。

小青叫着:"哥,我看不见了,我瞎[3]了……"

小青美丽明亮的眼睛,半年以后真的就瞎了。人人都说太可惜了。然而,在那些年,农村人连肚子都吃不饱,不可能关心一个小姑娘的眼睛了。

小青家的门前有个小斜坡[4],斜坡下面有一条石板路[5]。石板路的外面有一块地。再往外就是一大片芦苇和一条

1 拳: fist
2 算账: get even with
3 瞎: blind
4 斜坡: slope
5 石板路: flagstone road

大河。坐在家门口,可以看见石板路上的人走来走去,可以看见地里的庄稼[1],看见河边的芦苇,河里的小船。但是,小青却什么也看不见了。

小青家的屋子后面有一座大山。人们都把房屋修在山脚下,每家都离得很远。山很高,没有树。这个地方叫石场湾。大山的边上有好几个采石场[2]。这里的石头特别硬,人们采石头,然后把这里的石头卖到城里去盖房子,或运[3]到公社去修水库[4]。石头仿佛永远也采不完。天天都能听见叮叮当当[5]的声音,采石场很热闹。小青一出生就听采石的声音,这声音就好像音乐一样。现在,她什么也看不见了,就只能听这叮叮当当的采石声了。

小青的父亲是个好石匠[6],但是爱

1 庄稼: crops
2 采石场: stone pit; 采石: quarry
3 运: transport
4 水库: reservoir
5 叮叮当当: sound of clanging
6 石匠: stonemason

喝酒，每个月他都用他的钱买酒喝，他没钱的时候常说，等有钱了，就送小青去城里的大医院治眼睛。可是喝醉¹了他就什么都忘了。

他喝醉了还打人，打妻子，打儿子，只是不打小青。他还经常和石匠们打架²，经常把人打伤，再把别人的伤治好。他很少给家里钱，家里的日子过得很艰难³。他是一个不照顾家、不爱家的男人。小青的妈妈很漂亮，也很能干⁴，家里的事情都靠她。她除了在生产队⁵里干活⁶，还要在家里打草鞋⁷卖给石匠们。她草鞋打得非常好，石匠们都喜欢穿。从外面来的石匠没有家，衣服裤子又脏又破。有时，小青的妈妈就把石匠们的衣服拿回来洗，给他们洗干净、补好以后送去，挣钱⁸给家里用。

1 醉: drunk
2 打架: fight
3 艰难: hard, tough
4 能干: capable
5 生产队: production team
6 干活: do farm work
7 草鞋: straw sandals
8 挣钱: make money

e.g. 小芳靠给别人洗衣服挣钱。

为石匠们服务[1]的人很多,老的、少的,姑娘、媳妇[2]都有。她们打草鞋、洗衣服、补衣服、卖水果、卖水,干什么的都有。那时候还没有人开饭馆、卖酒。采石场有食堂[3],但没有酒。有的人就偷偷在家卖酒、卖饭、卖菜。食堂卖的饭菜不好吃,没有味道,不少石匠就到那些人的家里去吃饭喝酒。石匠们干活很累,他们能吃就吃,不给家里老婆[4]孩子寄钱。有些石匠的老婆来到采石场找丈夫们要钱。老婆来了,采石场没有单人房间,女的没有地方住,拿不到钱也只好回去。采石场是男人的"世界",老婆不在身边,有些人就有了自己的"相好[5]"。这地方原来是挺封建[6]的,可是自从开了采石场,来了大批的石匠,封建就少了。很多女人偷偷地给石匠当

1 服务: service
   e.g. 这家饭馆的服务态度非常好。
2 媳妇: (colloquial) young married woman
3 食堂: dining hall
4 老婆: wife
5 相好: lover
6 封建: feudal

"相好",不让父母和丈夫知道。

小青妈长得好看,大眼睛,性格又好。有几个年轻的石匠想和她好,她都不喜欢。她自己找了一个"相好"。她的"相好"很老,快五十岁了,个子高高的,脸黄黄的,身体瘦瘦的。这个老石匠是从城里来的,身体不好,经常生病。老石匠劳改[1]过,没有家,说话不多,连过春节也不离开采石场。他不吸烟[2],不喝酒,总是带个药罐[3]自己熬药[4]吃。小青妈偷偷地帮他熬药,或送些吃的去,过春节的时候让他到家里来吃饭。老石匠给她钱,她没要。小青的父亲也没话说。老石匠对小青的父亲也不错,经常借钱给他买酒喝。老石匠对小青特别好,有着像父亲一样的情感[5]。全家人只有小青的哥哥不喜欢

1 劳改:reform through labor
2 吸烟:smoke
3 药罐:pot for boiling herbal medicine
4 熬药:decoct medicinal herbs
5 情感:affection

老石匠,他从来不招呼[1]他,更不和他说话。

日子就这样过下来。

小青跟着妈妈学打草鞋。草是哥哥从山上割[2]来的。小青学会了打草鞋,整天坐在房子里打草鞋。她打的草鞋越来越好,后来和妈妈打的草鞋一样好。

她长得比妈妈高了,也越来越漂亮了。

她每天坐在门口的阳光里打草鞋。

她什么也看不见,并不需要阳光来帮她干活,但她喜欢阳光,她能感觉到阳光。当一天过去太阳落下山的时候,她也感觉得到,这时她的心情也不好了。

她不喜欢夜晚。她睡在床上等天亮。

天亮后她又坐在门口打草鞋,听着采石场的一片叮叮当当的采石声音。

世界留给她的最后印象是夕阳下的

---

1 招呼: greet
   e.g 他每次看见我都跟我打招呼。
2 割: cut

金色河面，雨打在河面上，打碎了的金色河面，还有风雨中粉白粉白的芦花，还有飞进眼睛里的沙子……自从眼睛瞎了以后，虽然现在不疼了，但她还记得当时眼睛的那种疼痛。当时她认为不是什么大灾难[1]。沙子飞进眼睛里，妈妈给擦擦就会好的。谁知，沙子擦不出来了，眼睛瞎了。

就在那场灾难以后的几天里，小丰天天来看她，她听见小丰对她说话，请求她原谅[2]，还说要赔钱[3]。小丰每次来，都会被哥哥给赶走，以后小丰就不再来了。哥哥和小丰是在公社中学读书时认识的，原来是很要好的朋友，但因为在"文化大革命[4]"的时候他俩的政治观点[5]不同，经常打架。小青不知道这些情况，她常常想，如果不是因为她

1 灾难: calamity, disaster

2 原谅: forgive
e.g. 他没把作业本带来，请老师原谅。

3 赔钱: make up a loss with payment

4 文化大革命: Cultural Revolution (1966-1976)

5 观点: view

的眼睛，哥哥可能不会跟小丰记仇[1]吧？现在她长大了，她盼望着小丰再来看她，听听他的声音也好。但显然这是不可能的，他来了也会被哥哥赶出去。唉，她经常在心里叹息[2]。

哥哥到县城[3]上高中去了。他开始吸烟了，还喝酒，家里给他的钱不够花。放假哥哥也很少回家，他到城里干零活[4]，给自己挣点儿生活费[5]。他给小青买回一副黑眼镜，小青很高兴，戴着黑眼镜打草鞋，坐得累了就出门走走，走下斜坡，走上石板路，有时还走到后边的采石场去。她慢慢地走。在采石场，石匠们都停下手上的活儿来看这个戴黑眼镜的漂亮姑娘。叮当声音停下来，她知道人家在看她了，心里很高兴。她站一会儿就愉快地回去继续打草鞋。

1 记仇: bear grudges against
2 叹息: sigh
3 县城: county town
4 干零活: do part-time job
   e.g. 他寒假里经常干零活挣钱，没有回家过年。
5 生活费: living expenses

父亲又跟石匠们打架了。这一回，自己被打伤了，伤得很重，被几个人抬着回家。石匠们爱打架，干部[1]也管不了。妈妈请来了医生，医生说是内伤[2]。两个月以后，医生说不行了，得送医院。送到医院去，又过了一个月，小青的父亲就死了，花了不少的钱。

妈妈没办法，借了老石匠的钱。不久，老石匠又病了，打不成石头了，妈妈让他住到家里。哥哥高中毕业回家那天晚上，看见老石匠睡在妈妈的床上，就和妈妈吵。后来，哥哥晚饭也没吃就走了，说再也不回来了。

有一天，小青坐在大门口，脑子里空空的，"望着"远处的绿地、河边，突然觉得光线[3]暗了。原来有两个人走上斜坡，站在门口。一个人问小青：

---

1 干部: cadre; officers of government institutions
2 内伤: internal injury
3 光线: light

"这儿是冯学海的家吗?"

小青答道:"是呀!"

"冯学海是你的……"

小青回答:"冯学海是我哥哥。他怎么啦?"

"他犯罪¹了,他犯了投机倒把²罪,被判刑³啦。你是冯学海的妹妹冯小青吧?我们是公社的治安⁴,今天接到县⁵里的通知,来告诉你们……"

他们还说些什么,小青一句也没听见。她的心在往下沉⁶,全身没有力气。

哥哥是她生命的精神支柱⁷。他对她说过多少次,等他高中毕业以后,有了工作,就把她送到城里的盲人学校⁸去学习。这些年,她一直盼望⁹着那一天的到来。哥哥说过,在城里,盲人也

---

1 罪: crime
2 投机倒把: engage in speculation and profiteering
3 判刑: pass sentence on
4 治安: public security, here referring to the officer of public security
5 县: county
6 沉: sink
7 支柱: pillar
8 盲人学校: school for the blind
9 盼望: expect; look forward to

e.g. 我一直盼望有一天能去北京看看。

能有一份工作。现在，一切都完了……

天黑时，妈妈和黄脸石匠从外面回来了。妈妈扶着他到乡[1]里去看病。她在路上已经听说儿子进了监狱[2]的事情。她对小青说，明天她到监狱去看看，送一条被子[3]去。她说得很平静，也没有流眼泪。

"妈，我也去！"小青说。母亲好像没听见。

还有一家人也姓冯，家里只有三口人，一个妈妈和两个女儿。大女儿已经很大了，没结婚，跟一个外地来的年轻石匠"相好"，住在她家里。那个年轻的石匠挣钱养这一家人。妈妈管不了大女儿，又怕小女儿学坏，晚上就让小女儿到小青家里和小青一起睡。这个小女儿叫蛮蛮。她经常向小青谈她家里的

1 乡: township (an administrative unit in a county)
2 监狱: prison
3 被子: quilt

事情。她妈妈让她姐姐和年轻石匠结婚,可是她姐姐不听她妈的话,不跟那个石匠结婚。因为,姐姐说,这些石匠都靠不住,打完了石头就走了。

小青觉得自己简直离不开蛮蛮。蛮蛮夜里不来,她就睡不着。这个在黑暗[1]里长大的姑娘,除了眼睛瞎了,她的身体和正常人一样。她经常感到身体里有一种需要,是什么需要呢?她不知道。她很痛苦。这时,她才深深感到自己的不幸[2]。蛮蛮来了,她就抱着蛮蛮哭。她哭得非常痛苦,她看不见这个世界。

老石匠病了,妈妈非常着急,没时间照顾小青,整天照顾那个生病的老石匠,给他买药,给他做饭。等老石匠病好了,能够去干活的时候,妈妈就非常快乐。小青妈好像只想着自己的

1 黑暗: darkness
2 不幸: misfortune

绿肥红瘦

快乐。这些年来,妈妈一直把小青看做[1]是一个没有用的小姑娘,认为给她吃,给她穿,养着她就行了。小青已经长大了,可是妈妈不关心她心里想什么。

小青记不清楚自己的年龄了。在前些年,每当冬天冷得睡不着的时候,她就知道一年又过去了,知道自己又长大了一岁。后来,就不知道自己多少岁了。

小青问她妈:"妈,我今年十八岁了吧?"

妈妈想了一下,回答道:"二十了。"

不再说什么。二十,在妈妈看来,小青仿佛和十一岁时一样,还是一个小姑娘。

蛮蛮十九岁。她以前被派到采石场去做工,那些小石匠经常跟她开玩笑,往她身上看。蛮蛮说,他们那些人肚子不饿,眼睛饿。蛮蛮讨厌[2]那些小石匠,后来就不去采石场做工了。蛮蛮

[1] 看做: regard as
e.g. 他把华华和铁山看做最好的朋友。

[2] 讨厌: hate, dislike

说,虽然在采石场干活比在生产队的田地¹干活挣钱多,可是她们不愿去采石场做工。但是,没多久,蛮蛮和那几个姑娘还是去了。

听说,一个大水库的设计²是错误的,水库不修了,不用采石头了,采好的石头也不运走了。石匠们没地方拿工钱,也都离开石场湾远走高飞³了。

响了多少年的叮叮当当的采石声音停止了。没有了采石的声音,人们感到日子一下子变得寂寞⁴了。石匠们走了,有些姑娘们跟自己的"相好"结婚,跟丈夫走了。还有一些人看着自己的"相好"走了。

小青也听不见叮叮当当的采石声音了,草鞋不用打了,她的生活变得和她的双眼一样黑暗。

1 田地: field
2 设计: design
 e.g. 他们正在设计一种新型汽车。
3 远走高飞: fly far and high; go far away
4 寂寞: lonely
 e.g. 这里的生活非常寂寞,后来他就开始写书了。

小青妈的黄脸石匠没有离开。黄脸石匠说人要讲良心[1]，他不能把可怜的女人丢下。可是他已经老了，没有打石头的力气，也不能挣钱，到哪儿去生活呢。所以他留下来了，并且找生产大队[2]干部出证明[3]，他要和小青妈结婚，以表示自己不走的决心[4]。

生产大队的干部说："结婚的证明我们这里不能开，你的户口[5]不在我们这里。你从哪儿来的？你是谁？你的历史有没有问题？我们都不知道。再说，你病成这个样子，失去了劳动能力，让一个穷寡妇[6]养活你，你不害羞[7]么？这个穷女人还养着一个瞎眼姑娘呢。"

老石匠觉得大队干部说得有道理。现在生活又苦又难，想想自己被一个穷女人养活，实在是害羞！他想留

1 良心: conscience
2 生产大队: production brigade, a unit above a production team
3 证明: prove
4 决心: resolution
5 户口: registered permanent residence
6 寡妇: widow
7 害羞: shame, shy
e.g. 她很害羞，不好意思在这么多人面前讲话。

下来，是因为对小青妈妈有感情，可是"吃饭是第一件大事"呵！感情不能当饭吃。这个老石匠想，不如死了吧！半夜里，就下床出了门。

他想，不能死在屋里。如果他死在屋里，会把屋里这两个女人吓着的。他出了门，朝河边走去。他走得很慢，好像等着有人来追他。河边在月光下显得一片惨白[1]。在他离大河还很远的地方，小青妈追上来了，她死死拉住他的胳膊[2]，他的胳膊又细又瘦。

"我不能拖累[3]你。"他就一句话，反复说着这一句话。她看着他的脸，手慢慢放松了，她很累。"我不能拖累你……"他就这一句话。

"回去！"她只说这两个字。

在煤油灯[4]下，他们面对面地坐着。

---

1 惨白: gloomy
2 胳膊: arm
3 拖累: be a burden on
4 煤油灯: kerosene lamp

小青妈要养活两个人，确实太困难了。鸡叫二遍了，他终于说："那么，我……我还是走。""不成，我不放你走。"过了一会儿，她接着说："把小青放出去吧。……唉，可是真把小青放走了，我也舍不得[1]！"原来，今天下午，她在乡上看到一个五十岁左右的老女人领[2]着两个卖唱[3]的小姑娘。她站了一会儿看这两个小姑娘卖唱，她听不懂她们唱的是什么，却想起了小青。小青要能吃上这碗饭，也省得自己白白养着。

小青妈既舍不得老石匠走，也舍不得小青走。经过一夜的反复考虑，小青妈终于下了决心[4]让小青出去卖唱。一早，她跑到乡上去找那几个卖唱的人。那个老女人和两个小姑娘住在一家小旅馆[5]里，正要出门，小青妈就

1 舍不得: be reluctant to; hate to part with
e.g. 他要回国了，很舍不得离开他的那些朋友。
2 领: lead
3 卖唱: sing for a living
4 决心: resolution
5 旅馆: hotel, inn

上前去招呼,对那老女人讲了她的要求。老女人问:"多大啦?"她回答说:"二十多一点儿。"老女人说:"太大了吧。她会唱吗?你领来看看再说吧。中午我在这儿等你。"

小青和妈妈饿着肚子来到乡上,小青心情很紧张。来到乡上的小旅馆门口,刚站在那儿,马上有很多人走过来看她们。乡上的人从来没见过像小青身材[1]这样漂亮的,可是小青穿的衣服又破又旧,她穿了一件又短又破的棉袄[2],棉袄还露出[3]了棉花[4]。小青穿的裤子也到处是补丁[5],脚上没有穿袜子[6],黑色的布鞋上都是尘土[7]。人们紧张地望着她。那卖唱的老女人走过去,取下小青的黑眼镜,看了看,重新把黑眼镜给她戴上。小青紧紧地拉着妈妈的衣服

1 身材: figure
e.g. 小青的身材非常漂亮。
2 棉袄: cotton-padded jacket
3 露出: show
e.g. 他的脸上露出了笑容。
4 棉花: cotton
5 补丁: patch
6 袜子: socks
7 尘土: dust

袖子[1]。心跳得很厉害。她感觉到身边有许多的人在看着自己,她希望人家对她有个好印象。她不知道自己如何漂亮,她只觉得自己今天应该是很漂亮的。她的心情变得愉快起来。她闻[2]到了一种油炸面筋[3]的香味,真想吃呀。她觉得自己身边一定站着一个高大男人,她感觉到了他呼[4]出的热气。她向妈妈身边靠得更紧了。

"不行啊……"卖唱的老女人慢慢地说,"你的姑娘长得这样漂亮……我们这些人四处流浪[5],又没有人保护……唉,再说,她年龄大了,学唱也不容易,我可能教不会她……"

小青听了,非常失望[6],妈妈更加失望。

小青闻着油炸面筋的香味深深地

1 袖子: sleeve
2 闻: smell
3 油炸面筋: fried gluten
4 呼: exhale
5 四处流浪: lead a vagrant's life
6 失望: disappointed
e.g. 他没考上大学,他的父母亲很失望。

吸了吸气。既然一切都是不可能，那么，失望也没有用。她听见那老女人在叹息："唉，唉……"周围的人们也叹息："唉，唉……"她倒觉得他们有点儿可笑。有什么好叹息的呢？她想，要是能吃一根油炸面筋就好了。

"你们还没有吃午饭吧？"老女人问。

小青听见妈妈回答说："吃……吃过了。"

"好。那么，你们请回吧。慢慢走。"

人们为可怜的母女俩让出条道来。小青抓着妈妈的衣服袖子。她和妈妈饿着肚子回家了。

蛮蛮告诉小青说，有人给她介绍了一个对象，是部队[1]上的。"你猜是哪个人？你想想也一定记得的。"小青想不起来，摇摇头。蛮蛮接着说："人家现在

---

1 部队: army

是部队干部，我不同意。我没有文化。我们这些人，找个能挣钱的石匠就行了。那个人是……"小青还在猜着，蛮蛮说："你还记得小丰吧？"

小丰！小青怎么能不记得？……雨打在金色的河面上，粉白粉白的芦花，这是最后停留在小青脑子[1]里的印象……小丰，正是他使她成了瞎子！后来小丰来过几次，都被哥哥赶跑了。她知道他是来看她的，是来向她道歉[2]的，她一点儿也不恨他。

有一天，蛮蛮突然对她说，"小青，听说我们的采石场又要热闹起来了，石场湾又要开工了，又要来好多好多石匠呢……你听说了没有？"

小青听到这个消息非常高兴。她想，每天一早起来，又可以听见叮叮当当的

1 脑子: brain
2 道歉: make an apology

采石声音了。而且，她记得，如果她走到采石场去站一站，那些石匠们好像都很快乐，都喜欢和她说话。

石场湾的人们没有更高的要求，他们希望石匠们来，只要石匠们来，他们就有零活干，就有机会摆小摊[1]，挣些钱，就有可能使生活变得丰富些。因为石匠们都是些性情[2]快活、力气大的人，挣得多，也舍得花钱。

石场湾的人们谈论[3]着，盼望[4]着石匠们的到来。他们简直就不敢相信：来到他们面前的事情，可比他们盼望的大得多，重要得多！

这些老实[5]的、只求好好过日子的农村人，最近常听说外面什么地方已经把土地分包到户[6]了，当他们自己承包[7]了土地的时候，他们才开始感觉到

---

1 小摊: stall, booth
2 性情: disposition
3 谈论: discuss
4 盼望: look forward to
5 老实: honest
   e.g. 他是个老实人。
6 把土地分包到户: subcontract land to each household; 土地: land
7 承包: contract with
   e.g. 他打算承包一个食堂。

日子真的在变了！

日子真的变了。有一天，老石匠对小青妈说："我得回城里一趟，看看那边的情况。"小青妈说："我知道，现在情况变了，你们这些被下放[1]的人，有希望了。可能又要回城里当干部去了。也好，你去吧，你身体不好，到城里也许你能多活些日子。去了，也不用担心我们，反正你和我也没有正式结婚。"

老石匠说："你怎么这样说？我得感激[2]你收留我呢！我回去，要是真的落实政策[3]，能恢复[4]工作，我就给你寄钱来。""哪个稀罕[5]你的钱？农村分包了土地，我就种菜、卖菜。石场开了工，我们母女俩洗衣服、打草鞋，我们的钱够用了。"她说得很干脆[6]，老石匠十分感动，向小青妈保证说：

1 下放: transfer (cadres) to do physical labor in the countryside or in a factory
2 感激: be grateful
e.g. 他非常感激同学们对他的帮助。
3 落实政策: implement policies
4 恢复: recover
e.g. 这里很快又恢复了平静。
5 稀罕: value as a rarity
6 干脆: simply, just
e.g. 现在很晚了，你干脆别走了，就住在这儿吧。

"我的日子真的好过了,就来接你和小青去城里。那时,我要和你正式结婚。"他的话把妈妈和小青感动了。

土地开始承包了。小青和妈妈承包了两份。小青妈去找干部问:"还有我儿子的一份呢?"干部回答说:"你儿子早就出监狱了,没有回来,人不在的不分土地。""我去找他回来。"干部说:"你去找吧。你能找回来么?""那……"她不知道该说什么了。自从儿子高中毕业回来那天晚上,看见老石匠睡在她的床上,跟她吵了架,然后出走了,到现在一直没有回来过。也许是因为自己老了吧,她特别想儿子,那是她的亲生儿子[1]!她想起自己年轻的时候,为了一个自己喜欢的男人,没有照顾好自己的亲生儿子和女儿。现在她感到多么

1 亲生儿子: one's own son

地后悔[1]啊!怪[2]谁呢?只怪她死去的丈夫!谁叫他天天喝酒,打她,骂她,不照顾家,不爱家,更不爱她呢!唉,想这些干什么?

土地承包了,可是家里没有一个男人在田地里干活。她想还是得把儿子找回来。她到处打听儿子的消息,终于打听到了。她的儿子冯学海,住在省城郊区[3],在那里结了婚。这几年,他妻子在外面跑生意[4],他自己在城里承包了几个建筑工地,发财[5]了……听到这些消息,她又惊又喜。

但她立刻又不想找儿子了。她突然觉得自己没有脸面[6]去见儿子。当然,如果他没有发财,而是倒霉[7]了,很穷,她也许会去找他,虽然他不愿见她,她也要去找他!

1 后悔: regret
e.g. 他很后悔没上过大学。
2 怪: blame
e.g. 都怪我脾气不好,让你生气了。
3 郊区: suburb
4 生意: business
5 发财: become rich
e.g. 他总想发财,可是一直都没有发财。
6 脸面: face
7 倒霉: have bad luck

她收到一封信。她不认识字,她跑到小学校去请老师帮她看。不是儿子来的信,是老石匠来的。她一边听着,一边失望。那个她曾经不顾一切和他相好多年的男人,已经回到城里原来的工作单位,可他身体有病,正在医院住着,工资[1]不高,开销[2]很大,而住房又分得不好。工作问题也没安排好,让她等一切都安排好以后再来,并请她原谅他的困难……她听完,接过信就走了。从小学校出来,快到家的时候,她便把信撕碎[3]了,丢在水田里。回到家时,心情平静了很多。

"小青,小青,你过来,"她对小青从来没有这样温和[4]过,"快过来。妈妈跟你说,我们分的地,你看种啥[5]好呢?"妈妈的意思,多种菜,好卖钱。水田

---

1 工资: salary
2 开销: expenditure
   e.g. 在大城市里生活,开销很大。
3 撕碎: tear up
4 温和: gentle, mild
   e.g. 他对大家的态度很温和。
5 啥: (dialect) what

嘛，种谷子¹，这多好呵，我们什么都有了，什么也不缺²了……"

"妈，我……"

"有话就给妈说出来嘛，乖乖³！"

"我……我啥也不能做。"

"快别说这个，妈能做，妈养着你……我的乖乖……"

她突然感到很悲伤⁴，抱着小青痛哭起来。小青也哭。两个可怜的女人一起痛哭。

然而，小青做事的机会终于来了，采石场又开工了，石匠们又来了。她又开始打草鞋，又可以挣钱了。

每天一早起来，小青就坐在门口的阳光里。她虽然不需要阳光，但却喜欢阳光，喜欢从河上吹来的清风。她心里不再悲伤，她很愉快。坐累了，她

---

1 谷子: grain
2 缺: lack
e.g. 这个年轻人缺少工作经验。
3 乖乖: dear, darling
4 悲伤: sorrowful

就出去走走。门外的石板路修成了一条又平又宽的汽车路。她喜欢听叮叮当当的采石声音，石匠们大声说话和笑的声音，有时，还有几个石匠唱山歌，这些都让她十分愉快。由于歌声的吸引，她就向采石场走去，坐在一旁，和那些小石匠们说一会儿话，她什么都想听，对什么都感兴趣。年轻的石匠们都喜欢她，把她当妹妹。她坐在那儿，大家都不讲粗话[1]了。已经是春天了，她去采石场的时候更多了，特别想出去玩。有一天，她的脚碰破了，流血[2]了。石匠们都很惊慌[3]，有一个石匠赶忙走过来给她包扎[4]。她感到那个人的一双大手在发抖[5]，包扎不好。他问，你走得动么？她摇摇头。他扶[6]她回家。妈妈不在家。他要走。她说，你坐会儿嘛，我又

1 粗话: vulgar language
2 血: blood
3 惊慌: panic
4 包扎: bandage up
5 发抖: tremble
6 扶: hold up

e.g. 小孩把老人慢慢扶起来。

不吃人的。她又说,我送你一双草鞋,在这儿,你自己选双合适的吧。她的心跳得很厉害。她在心里骂自己,真不知道害羞。可嘴上还说:"选好了么?我摸摸,就这种的。你的脚真大啊,好,我以后打几双这么大的草鞋,你来拿吧。……你贵姓呢?……姓王……那么,王大哥,你是哪儿的人?……多大了?……那么,你走吧……"他迟疑[1]着。他们站得很近,每人手中拿着一只新草鞋,都说不出话。不知怎么的,她的另一只手就放到他的肩膀[2]上了。小石匠心里发慌[3],赶紧跑了。

这以后,那姓王的小石匠就常来取草鞋,一般都在小青妈下地干活的时候来。有时候他来了,妈妈正好在家,也不说什么,还客客气气地招呼他,留他

[1] 迟疑: hesitate
[2] 肩膀: shoulder
[3] 发慌: flustered

吃饭。他发了工资,就来付饭钱,小青妈不收他的钱,他就给小青买了一双鞋,小青试了一下,很合适,却舍不得穿,把它放在床头上。

石场湾比什么时候都热闹,一批又一批的石匠来到了采石场,而且又新开了几个采石场。石场湾的人非常高兴,他们为石匠们提供各种服务,手里的钱慢慢多起来了。妇女们穿的衣服也在发生变化,花花绿绿起来。妇女们想找"相好"的,还是会找,不怕离开的痛苦。蛮蛮也想结婚,想找一个能靠得住的丈夫。人们在一起,谈论着采石场的将来,石头嘛,一百年都采不完的,可能不会像以前修水库那样,突然停工。有人分析说,现在不会了。现在"四化建设[1]"刚开始,修工厂、

[1] 四化建设: Four Modernizations of agriculture, industry, national defense, and science and technology

建铁路，哪样不需要大量的石头！而且，这里的石头硬，人们不会放弃这种好材料。再说，如今也不吃"大锅饭[1]"了，这里的采石场已由乡政府[2]承包给了一家公司。

包工头[3]要发财，也得让大家得到好处。能得到好处谁不努力干活啊？大家都在谈论石场湾的采石场的将来……小青也关心这些事，别人谈论，她就在旁边听着，在她看来，最重要的事情是石匠们别走。小青妈则不在乎石匠走还是不走，她天天在地里干活。她们除去吃和穿，只能剩[4]下一点儿钱。她跟村里的几个老年妇女去峨眉山朝佛[5]，去一趟峨眉山就把钱都花完了。老石匠还来过信，可她都直接把信扔进火里烧了。

1 大锅饭: "big pot" system, a Chinese term for egalitarianism
2 政府: government
3 包工头: labor contractor
4 剩: left
e.g. 我现在身上只剩下10块钱了。
5 去峨眉山朝佛: make a pilgrimage to Mount Emei

一天中午，小青妈从地里回家，她正在路边上往家走，突然一辆汽车在她旁边停下来。一个青年走出汽车，叫了声"冯伯母[1]"，又有一个青年也走过来，叫了声"妈"。她抬头看去，一个是小丰，还有一个是自己的儿子冯学海。

小丰从部队复员[2]回来以后在乡上工作，在乡上当公司经理，负责这片采石场的工作。他到省城去，碰上了建筑包工头冯学海。两个人在灯红酒绿[3]的城里见面，早就忘了小时候打架的事，他们就做起石头生意来了。小丰劝冯学海回石场湾看看。冯学海问："那个欺负[4]我父亲的老石匠还在吗？""早走了，落实政策后就回到城里了。""那么，我妹妹呢？""小青也很好，我经常看见她在

---

1 伯母：aunt, a form of address for a woman whose husband is older than one's father
2 复员：demobilize
3 灯红酒绿：scene of feasting and revelry
4 欺负：bully, insult

采石场玩呢，戴个黑眼镜。""她……还没结婚吗？""跟谁结婚啊？谁愿娶个瞎子啊。""噢……""不过，她过得好像也很快活，现在吃饭是不成问题了，打草鞋可以挣点儿钱。有个小石匠常到你家去，跟她相好。说不定那小石匠还会教她学坏呢！""是么？那小子要敢欺负我妹妹，我非把他杀[1]了不可！我得回去看看！"

妈妈领着儿子和小丰往家走。她走在儿子的前面。她在想，这个穿西装皮鞋[2]的男人，会是我的儿子么？

听说哥哥回来，小青非常高兴。

"小青，你愿意[3]跟我到城里去吗？我会找人教你学手艺[4]、学文化什么的。"

"不，我不去。"小青高兴又干脆地回答，"不去，我在这儿过得很好。"

1 杀: kill
2 西装皮鞋: Western suit and leather shoes
3 愿意: be willing
4 手艺: handicraft
e.g.他的木工手艺很不错。

他注意到,小青的衣服下面,腰很粗,像个孕妇[1]。他顿时感到恶心[2],就像当年看见老石匠睡在妈妈床上一样。……他瞪[3]了妈妈一眼,好像在怪妈妈没教好妹妹,然后气愤[4]地冲出门走了。就这样小青妈看着这两个青年走了。

"他们走了?他们为什么走了?"小青问。

妈妈冷冷地回答女儿:"他走了。别理[5]他。"

夜里,姓王的小石匠来了。他对小青说,他被经理开除[6]了,他只好到别的地方去找活干。小青一听,非常吃惊。妈妈倒不吃惊。小青妈冷冷地问小石匠:"那么,你真的要走了?"小石匠低着头说:"他们让我今晚就走。"

她又问:"要是不走呢?你不走,他们

---

1 孕妇: pregnant woman
2 恶心: feel nausea
3 瞪: glare at
4 气愤: angrily, indignantly
5 理: pay attention to
6 开除: dismiss
    e.g. 这个月老板开除了一百多名工人。

能把你怎么样？"小石匠回答不上来。这时，小青妈非常气愤，上前一把抓住小石匠的衣服说："你是人，就留下，等你的儿子生下来；你是畜生[1]，你就滚[2]！马上给我滚！"

她一推，小石匠碰在墙上。小青妈从来没有发过这么大的火。她似乎[3]要把一生中，对丈夫，对儿子，以及对那个老石匠的恨全部都发泄[4]到这可怜的小石匠身上。

小青本人非常平静。只见她摸进她的屋子里，拿出那双小石匠给她买的新鞋。她走到小石匠面前，把鞋放进他的口袋里。她觉得自己经历了人生最大的快乐和最大的痛苦。她和小石匠短短的相好，就等于经历了一生。她的身体里有个小生命，她觉得很好，很

1 畜生: (used as an insult) dirty swine; swine
2 滚: get out
3 似乎: seemingly
4 发泄: give vent to

满足……

她说:"你走吧,我哥哥容不了[1]你。从前,他对我妈妈也是这样。你走吧。"说完她坐下来,有点儿累了。

她什么都看不见,但经历了许多。世界留给她的,只有那夕阳、金色河水、粉白芦花和雨水。

第二天,小青的哥哥又高兴地回来了。和他一起来的还有小丰和乡长[2]。他对妈妈和妹妹——这两个可怜的女人——说:"我叫人把那姓王的小石匠赶跑了。本来想打他个半死,算了。现在好了。妈,你领妹妹马上去医院做流产[3],我的车在门口等着,马上去!我们冯家的脸面要紧[4]……"

乡长在一旁说:"是呀,你们这个错误不小呀!冯学海同志现在是

---

1 容不了: be intolerant
e.g. 他的性格不好,容不了别人的观点。
2 乡长: township head
3 流产: abortion
4 要紧: important

大名鼎鼎[1]的万元户[2]代表、农民企业家[3],名字都上了报纸,正准备当县里的政协委员[4]……快去吧,我给医院打了招呼,人家正等着呢。"

小丰也跟着说:"小青,听话,你哥和我们都是为你好嘛!"

小青站在那里,两手摸着肚子。她说:"你们行个好吧!我的眼睛……可……都是你们打架打瞎的啊……要不是这眼睛……"

妈妈非常气愤,上前把三个男人全都推出门外,说道:"出去,出去,我们的事不麻烦你们。快出去!……姓冯的,你记好,你妈不姓冯,小青从今天起跟我姓。我们不会给你丢脸[5]!从今以后,你走你的阳关道,我过我的独木桥[6]……你就是发了大财,当了大官,

1 大名鼎鼎: famous
2 万元户: household with an annual income of 10,000 yuan
3 企业家: entrepreneur
4 政协委员: member of the Chinese People's Political Consultative Conference
5 丢脸: shameful
他觉得这件事很丢脸。
6 你走你的阳关道,我过我的独木桥: You take the open road, and I'll cross the log bridge—you go your way, and I'll go mine.

wǒmen hé nǐ yě méiyǒu yìdiǎnr guānxì le！"
我们和你也没有一点儿关系了！"
　　　　Qìchē kāizǒu le，chē hòu yángqǐle yí piàn chéntǔ.
　　　　汽车开走了，车后扬起了一片尘土。

This story has been abridged according to Zhou Keqin's short story, *Flourishing Leaves and Withering Flowers* (绿肥红瘦), which was published in *A Series of Selections from China's Contemporary Writers——Zhou Keqin* (中国当代作家选集丛书——周克芹), People's Literature Publishing House (人民文学出版社), Beijing, 1993.

About the author Zhou Keqin（周克芹）:

Zhou Keqin (1936-1990) was born in Jianyang（简阳）, Sichuan Province（四川省）. He graduated from the Chengdu Agricultural Technical School in 1958, after which he returned to his hometown to do farm work. In his early years, he also worked as a school teacher, an accountant, a leader of a production brigade, etc. He was familiar with life in the countryside, which can be seen in the fact that most of his works reflect the lives of villagers in the countryside.

He published his first short story, 井台上 (Jǐng Tái Shang) in 1963. In 1979 he published his masterpiece, 许茂和他的女儿们 (Xǔ Mào Hé Tā De Nǚ'érmen), which made him famous at home and abroad. It won the first Mao Dun Literature Prize and was adapted into a film. His works include the short story collection, 石家兄妹 (Shí Jiā Xiōngmèi). His short stories, 勿忘草 (Wùwàngcǎo) and 山月不知心里事 (Shān Yuè Bùzhī Xīnli Shì) won the National Excellent Short Story Prizes in 1980 and 1901, respectively. He was a member of the Chinese People's Political Consultative Conference and the China Writers Association, and was the vice-chairman of the Sichuan Writers Association. His other works include the short stories, 桔香，桔香 (Jú Xiāng, Jú Xiāng) and 晚 (Wǎn), and the novel, 秋之感 (Qiū Zhī Gǎn).

思考题：

1. 小青的眼睛为什么看不见了？
2. 小青的爸爸是一个什么样的人？
3. 老石匠为什么最后离开了小青的妈妈？
4. 姓王的小石匠对小青怎么样？他为什么离开了小青？
5. 小青的哥哥是一个什么样的人？
6. 小青的哥哥、爸爸、老石匠、小石匠和小丰是真的关心小青和小青妈妈吗？
7. 小青和妈妈今后的生活会怎么样？她们靠谁生活？

三、感情问题

原著：阿益

三、感情问题

Guide to reading:

This story is about the love of university students. Lao Xu (老徐) courts many girls at the same time, but in the end none of them wishes to marry him. His roommates tell him that he should find a steady love in only one girl. One of his roommates, Guoguo (蝈蝈), helps him change his way of courting girls. Guoguo's girlfriend, Xiaoqin (小芹), introduces him a girl called Xiaoqian (小茜). Lao Xu devotes all his love to Xiaoqian, and stops courting another girl called Jingjing (菁菁) whom he also loves. However, Xiaoqian eventually breaks up with Lao Xu and falls in love with her high school classmate. Lao Xu is thrown into a state of confusion and cannot understand why his relationships always fail. In truth, his problem is an emotional one, for when one loves a girl or a boy, the most important thing is one's true feelings. Lao Xu's failure in his love is due to the fact that all he seeks is to be with someone. He does not realize that true love lies in honest feelings, mutual understanding, and sincerity.

故事正文：

徐凌是一个大三的学生。他并不老，可是同学们都叫他老徐。他的宿舍住了六个人，其中五个人都有了女朋友，只有老徐一个人是单身[1]。但老徐的单身跟别人不一样，一般的单身没有女朋友，而老徐的问题是女朋友太多，老徐不知道怎样从很多女孩子中选一个能跟他结婚的女朋友。老徐的下铺[2]是蝈蝈，蝈蝈的女朋友是一个南京[3]女孩儿，叫小芹。小芹说老徐"心太花"。"花"有两个意思：一个是他乱用感情，看见谁爱谁；二是好色[4]，看见漂亮女孩儿就喜欢。乱用感情可以理解，男人总是很多情[5]；好色也可以理解，一般的男人都好色，一个年轻的大学男生就更不用说了。但老徐的问题是，爱情不专一[6]，他同时

---

1 单身: single; bachelor
  e.g. 他四十岁了，到现在还是单身。
2 下铺: lower berth
3 南京: Nanjing, the provincial capital of Jiangsu Province（江苏省）.
4 好色: fond of women's beauty
5 多情: tender and affectionate
6 专一: be constant
  e.g. 他的问题是爱情不专一。

爱很多个女孩子，结果没有一个女孩子真正地爱他，而且还骂他是"骗子[1]"。其实，老徐也不是想骗谁，可是他的天性[2]就是这样的。

到大学三年级下半学期[3]，老徐的好朋友、好同学都有了女朋友。以前很多喜欢他的女孩子现在也都有了男朋友，现在老徐着急了。蝈蝈帮他分析说："你的条件不错，身高一米七十七，体重[4]六十二公斤，家庭收入[5]也不错，现在又是历史系的宣传委员[6]。你本可以找到一位温柔[7]、可爱，跟花儿一样漂亮的女朋友，问题是你的心太花，感情太不专一，所以最后那些女孩子都离开你了。"

老徐带着哭声说："那我该怎么办呢？"蝈蝈说："很简单，不要四面出击[8]，

1 **骗子**: liar, cheat
2 **天性**: nature
3 **学期**: semester
4 **体重**: (body) weight
5 **收入**: income
e.g.他的收入很低。
6 **宣传委员**: a person in charge of publicity work
7 **温柔**: gentle, mild
e.g.她很温柔。
8 **四面出击**: attack in all directions, here referring to a boy who courts many girls at the same time

选一个你喜欢的女孩子,一心一意地爱她,追¹她!"老徐听了蝈蝈的话,决定痛改前非²。他请艺术系的一位朋友给自己写了"不要四面出击"几个大字,然后把这几个字挂在床头。

宿舍的同学和他们的女朋友们看到了,都说,不错不错,老徐终于改了。蝈蝈的女朋友小芹还表示,如果老徐真能说到做到,她可以帮他找一个女朋友。老徐感动地握³住了她的手,说:"太感谢你了,我没有看错,咱们小芹是最可爱的人!"

小芹听了老徐的话很高兴,就开始帮他找女朋友,她注意自己身边的女孩子,看有没有适合老徐的。

大约过了十来天,小芹终于帮老徐找到了一个女孩儿。这个女孩儿是学生物⁴

---

1 追: chase, court
e.g. 他总是喜欢追漂亮的女孩子。

2 痛改前非: thoroughly rectify one's errors

3 握: hold

4 生物: biology

感情问题

的大二学生。小芹说，这个女孩子很温柔，很善良¹，而且样子长得很漂亮。老徐又高兴又激动²，再一次握着小芹的手，表示感谢。

按照小芹的安排，先是由小芹出面，代表那个女孩子向老徐借了几本书，到还书的时候，就让女孩子自己去找老徐。至于以后的发展，就要看他们自己的了。到还书的那天，老徐认真地把自己的几根胡子³刮⁴了，把被子叠好，⁵把两双脏鞋⁶扔到了床底下。等女孩儿快来时，宿舍的同学们都走了，给老徐让出地方。老徐一个人坐在宿舍里，还有点儿紧张。

八点钟，女孩儿敲了宿舍的门。老徐微笑着把门打开，一个漂亮的女孩儿出现在他的眼前。

女孩儿有些害羞⁷地说："请问徐凌

1 善良: kind
e.g 这个女孩很善良。
2 激动: be excited; get excited
3 胡子: beard
4 刮: shave
5 把被子叠好: fold up the quilt; 叠: fold
6 脏鞋: dirty shoes
7 害羞: shy
e.g 这个女孩很害羞。

在吗?我是生物系的周茜,来还他的书,他知道的。"老徐说:"我就是,请进吧。"

女孩儿进了宿舍。老徐倒了一杯速溶咖啡[1]给女孩儿,女孩儿忙说自己晚上不敢喝咖啡,喝了咖啡睡不好觉。老徐又换了一个杯子,倒了一杯茶。女孩儿被老徐的热情感动了,连声说"你太客气了,太客气了"。老徐笑着摇摇头,不多说什么。

女孩儿看了看宿舍,问老徐:"哪一张书桌是你的?"老徐指给她看。女孩儿手里端着茶杯,走到书桌前。女孩儿说:"你的书可真多。"老徐赶紧说:"一般一般。"女孩儿说:"再借我两本看行不行?"老徐赶忙说:"好的好的。"

按钱锺书[2]的说法,男女之间想增加交往[3],最好的借口就是借书,一借

---

1 速溶咖啡: instant coffee
2 钱锺书 (1910—1998): a famous Chinese scholar and writer, best known for his novel, *Fortress Besieged* (围城).
3 交往: communication, dating

感情问题

一还就是两次。女孩儿就很仔细地把书研究了个遍，挑了两本。

两人站在书桌前聊了起来。老徐为了让她高兴，把自己知道的所有生物知识都讲了一遍，这使女孩儿特别开心[1]，好像遇到了知音[2]。女孩儿也说些历史故事，表示自己对老徐的专业也是感兴趣的，老徐也好像遇到了知音。这么一来，两个知音在一起，两个人互相看着，越聊越高兴。到十点半宿舍的人回来，不得不告别时，两人还有些恋恋不舍[3]。

过了两天，小芹来宿舍，告诉老徐说："好消息，好消息，小茜对你的印象特别好，你要抓紧时机，可别错过了这次机会。"

老徐说："好的，我不会再四面出击了。"

[1] 开心: happy, joyful
e.g. 希望你天天都能开心！

[2] 知音: bosom friend

[3] 恋恋不舍: be reluctant to part with
e.g. 看完电影，他们俩又去逛了逛，才恋恋不舍地分开了。

小芹说:"这就对了。你想想,哪一个女孩儿不希望自己的男朋友对自己专一呢?没有谁愿意自己的男朋友见一个女孩儿爱一个女孩儿。"

老徐说:"可是小芹,下一步我该怎么做呢?"

小芹说:"你又不是没经验,你以前怎么做的?"

老徐说:"以前这个时候我一般是找另一个女孩子聊天[1],换一种感觉,看看两个女孩儿之间有什么不一样。"

小芹说:"那可不行。这样吧,你约她看看电影什么的。"

结果没等老徐去约小茜,人家倒先找上门来了。小茜来还书,为了表示感谢,还请老徐去看《狮子王》[2]。老徐非常激动。宿舍的同学知道了,都

1 聊天: chat
e.g. 他们常常在网上聊天。
2《狮子王》: Lion King

说:"老徐,不错,不错。"

看《狮子王》时,他们两个都被《狮子王》吸引住了,那些可爱的小动物让他们非常开心。他们都被小狮子的事业和爱情的故事感动了。正在这时,老徐握住了小茜的手。小茜只是动了一下,没有反对。握着小茜的手时,老徐在心里告诉自己,关系有了重大的进展[1],不错不错。

看完电影出来,老徐送小茜回女生宿舍。宿舍门外站满了一对对的恋人[2],周围充满了浪漫、温馨、甜蜜[3]的味道。老徐被感动了,也想搂[4]小茜的腰、吻[5]她的脸,然而又觉得这样太突然,就对小茜说晚安。然而没想到小茜却突然在他脸上吻了一下,转身跑进女生楼,搞得老徐又惊又喜,

1 进展: progress
2 恋人: lover
3 浪漫、温馨、甜蜜: romantic, warm, and sweet
4 搂: hold, embrace
5 吻: kiss

站在那儿愣[1]了半天。晚上老徐躺在床上,打着手电筒[2]给小茜写情书[3]。以前老徐从不给女孩儿写情书。蝈蝈帮他分析,认为女孩子们离开他的原因之一就是他不给她们写情书。情书的作用是很大的,就像给女孩子送花一样。老徐明白这一点后,也想给小茜写一封浪漫的情书。今天晚上看了《狮子王》,小茜吻了他,他心情特别激动,想到了很多表达爱情的美丽的语言。他把漂亮的句子都写到情书里面。自从进大学以来,老徐写所有的文章都没有用过这么多美丽的语言,他的情书写得非常漂亮。写到最后,老徐自己都搞不清楚,他到底是在向小茜表示自己的爱情呢,还是为了写情书而写情书。这封情书老徐写了一夜。

第二天早晨,老徐红着眼睛跑到

1 愣: dumbfounded
2 手电筒: electric torch
3 情书: love letter

感情问题

校门口把情书投进了邮筒¹。小茜又来找老徐了。老徐问她收到信了没有？她说没有。老徐沮丧²地说，怎么还没收到呢？小茜问，写了些什么？老徐说，你看了就知道了。小茜便偷偷地笑了。

小茜说："今晚我们要到生物系教学楼去做实验³。"

老徐说："哦⁴？"

小茜说："可能要很晚才能做完，十来点钟。"

老徐说："是晚了一点儿。"

小茜又说，"我们系的教学楼离宿舍很远。"

话说到这里，连傻子⁵也该明白小茜的意思了，何况老徐这样的聪明人。他明白了小茜的意思，说："我来接你，

1 邮筒: post box
2 沮丧: depressedly
 e.g. 她没有找到工作，沮丧地回了家。
3 实验: experiment
4 哦: (used to express doubt)
5 傻子: fool

行不行？"

小茜说："如果你有空的话。"

老徐赶紧说："有空，就算没空，我也要来接你。"

小茜害羞地低下了头。

晚上九点半钟，老徐就站在生物系教学楼的外面等着了。生物教学楼的周围非常安静，老徐经常抬头看二楼的实验室。现在是七月，老徐穿的是短袖[1]衬衫和短裤[2]。天气热，蚊子[3]多，他不得不用手在身上乱打蚊子。

小茜做完实验和一些女同学一起走出来，看到老徐，打了声招呼[4]。女友们见有人等她，都笑着说："哦哟，小茜，有人保护你，好幸福啊。"小茜微笑着，说："我先走了，再见。"大家又笑着说："介绍介绍嘛。"小茜只笑了

---

1 短袖: short-sleeved
2 短裤: shorts
3 蚊子: mosquito
4 招呼: greet; say hello

笑,走到老徐身旁,低声说:"走吧。"老徐就骑上自行车,小茜坐在后面,呼[1]呼呼地骑走了。半路上,小茜用手轻轻搂住老徐的腰,头轻轻地靠在老徐背上。老徐心里感到很温暖[2],觉得这世界真可爱。两人在女生楼外转了又转,恋恋不舍。到了晚上十一点半,女生楼按规定要关门了,两个人这才不得不分开。这个晚上,老徐搂了小茜的腰、吻了小茜,对小茜说了:"I Love You。"

自从[3]老徐跟小茜谈恋爱[4]之后,因为小茜的课多,老徐的课少,老徐每天都要接送小茜。大家经常可以看到老徐骑着自行车带着小茜来往[5]于女生楼与教室之间。小茜是老徐的女朋友,她觉得这是老徐应该做的,有时老徐有事,来晚了,她就冲老徐发脾气[6]。老徐本来

1 呼: howl

2 温暖: warm

3 自从: since

4 谈恋爱: be in love
e.g. 他和一个漂亮的女孩子谈恋爱。

5 来往: come and go
e.g. 街上的行人和汽车来来往往,十分热闹。

6 脾气: temper
e.g. 她脾气不好,总是跟男朋友发脾气。

喜欢中午睡一会儿，休息休息，可小茜不睡，现在老徐也只好中午不休息了，与小茜约会。老徐的室友[1]都说，这次老徐爱情专一了。老徐说："哎哎，为了爱情的专一，没办法。"

老徐为了小茜不仅放弃了自己的午睡，有时还要放弃其他的爱好[2]，比如足球。老徐爱踢足球，还是班上的前锋[3]，可是小茜讨厌足球，老徐只得不踢足球了。老徐对爱情的看法[4]是：一方面爱情是很好的东西，让人喜爱；另一方面又是令人讨厌的东西。有时，老徐偷偷地想起以前的开心日子。跟几个女孩儿同时交往[5]，他觉得一点儿也不累。但要想娶到老婆[6]，还得像现在这样，采取专一的态度，不能四面出击。

老徐还在床头放了一个小本子，

1 室友: roommate
2 爱好: hobby
e.g. 他喜欢跳舞、打排球、踢足球，他的爱好可多了。
3 前锋: (in football) forward
4 看法: view, perspective
e.g. 他们的看法是一样的。
5 交往: associate with; date
6 娶到老婆: (spoken) take a wife

上面经常写满了这样的句子:"十点,三教101室,茜","一点十分,女生楼,茜"。这些句子是写与小茜见面的时间、地点,他怕忘了。

小茜渐渐地同老徐的室友熟悉[1]了。有时老徐宿舍的人同她开玩笑,问她:"什么时候嫁[2]给老徐呀?"小茜便笑着说:"你问他。"

老徐这时候就感到很幸福,开心地笑,心里想,有了专一的爱情,真不错!不要四面出击是对的!

尽管老徐对小茜好,但同时仍受到别的女孩儿的吸引。在上个学期结束时,历史系与中文系一起表演一个话剧[3]。老徐是历史系的宣传委员,经常与中文系的女生们联系。老徐认识了一个叫菁菁的女生。菁菁个子

1 熟悉: be familiar with
e.g. 我对新来的这个老师不熟悉。
2 嫁: marry (a man)
e.g. 她嫁给了一个有钱人。
3 话剧: drama, play

很高,一米七十左右,美丽大方,很有气质[1],对人温和。老徐对菁菁充满了好感[2]。看到美丽的菁菁,老徐有时会想,要是菁菁是他的女朋友多好啊!想完之后自己吓了一跳,觉得不该这样——又想要四面出击了!不行!

而菁菁呢,平时和中文系里的男生接触多了,讨厌他们那种骄傲[3]、自我吹嘘[4]的样子。她突然认识了老徐这样一个办事认真、不自我吹嘘、不留长头发的男同学,自然也有好感。她在与老徐的交谈中表现得客气、关心、温柔。

一次在话剧表演完之后,老徐一个人收拾东西,忙得满头大汗[5]。菁菁看见了,说:"怎么就你一个人收拾?他们一点儿忙也不帮,真不够意思。"菁菁一边说,一边帮老徐抬桌子、椅子。老

---

1 气质: temperament
e.g. 她的气质很好。

2 好感: favorable impression
e.g. 第一次见面,他就对她有好感了。

3 骄傲: arrogance

4 吹嘘: boast

5 满头大汗: head and face covered with sweat
e.g. 听说了这个消息,他急得满头大汗。

感情问题

徐连忙说:"你别动,你别动。很脏,我自己来。"

菁菁说:"我们一起抬吧。"老徐只好让她和自己一起抬。和菁菁一起抬桌子,老徐心中充满了甜蜜感[1]。

收拾完,已是晚上八点多了。两人走出来,都觉得有点儿饿了。菁菁说,吃点儿夜宵[2]去?两人就向学校的一家小饭店走去。坐下来,一人要了一份鸡蛋炒饭[3]和四个春卷[4]。菁菁说她吃不下,把自己的春卷让给了老徐,使老徐既害羞又感动。

吃完饭,老徐又将菁菁送回宿舍。吃了这么一次夜宵,老徐与菁菁关系又进了一层。老徐同她开些真真假假的玩笑。菁菁也不反对他跟自己说些亲热话。天气热,菁菁有时请大家吃

1 甜蜜感: feeling of happiness
2 夜宵: late night snack
  e.g. 广东人有吃夜宵的习惯。
3 鸡蛋炒饭: egg fried rice
4 春卷: spring roll (a thin sheet of dough which is rolled, stuffed and fried)

雪糕[1]，其他人吃一块钱的雪糕，老徐却可以吃到三四块钱的雪糕。中文系的男同学们很吃醋[2]，跟老徐开玩笑说："喂，老徐，咱们菁菁喜欢上你了，还不快点儿追她！"老徐幸福地说："不要乱讲，不要乱讲！"但晚上与小茜约会后，回到宿舍睡下，老徐在心里告诉自己，千万不要四面出击啊！然而老徐同时又觉得，这只不过是同学之间的正常友谊[3]，不算四面出击。

在话剧演出结束后，大家搞了个庆祝[4]晚会。晚会上菁菁一直和老徐跳舞，其他想跟菁菁跳舞的男同学简直没有机会。当晚会快要结束时，菁菁和老徐偷偷地跑了出来。校园[5]的小路很安静，月色很好，树叶[6]随风一动，发出沙沙[7]声。

1 雪糕: ice lolly
2 吃醋: be jealous (usu. of a rival in love)
3 友谊: friendship
  e.g. 希望我们的友谊地久天长。
4 庆祝: celebrate
  e.g. 大家一起庆祝教师节。
5 校园: campus
6 树叶: leaf
7 沙沙: sound of leaves or papers

感情问题

老徐大概酒喝得多了一点儿,一出门,就自然而然地将手搂在了菁菁的腰上。菁菁也大概喝多了一点儿,并没有反对,非常平静地接受了老徐的手。

老徐说:"菁菁,通过这些天的交往,我发觉你很可爱,对人很好,而且一点儿也不骄傲。"

菁菁说:"你太会表扬[1]人了。"

老徐说:"真的,我说的是真话。以后谁娶[2]了你,真算他有福气[3]。"

菁菁低着头说:"我还没有男朋友,什么娶不娶的,还早着呢。"

老徐说:"我做你男朋友,你愿意不愿意?"

菁菁看着远处,没说话。菁菁想了想,低声说:"我再考虑考虑。"

晚上,老徐反复想着和菁菁的关系,

1 **表扬**: praise
e.g. 老师表扬了几名学生。
2 **娶**: marry (a woman)
e.g. 他正式娶她为妻。
3 **福气**: good fortune

这次再也不是同学之间的正常友谊了。老徐知道，自己喜欢菁菁，但同时对小茜也是有感情的。让自己在两者之间做选择，很难，正像哈姆雷特[1]的台词[2]，"活着还是死去，这是一个大问题"，老徐也像哈姆雷特一样，反复在心里念："小茜还是菁菁，这是一个大难题！"他想要是像古代那样，一个男人可以娶两个老婆就好了！

第二天，老徐收到了菁菁让人送来的一封信，里面只有三个字：我愿意[3]。老徐知道事情麻烦了，不得不找蝈蝈商量。蝈蝈说这件事他做得不对。蝈蝈说，他不应该在有女朋友的情况下又与其他女孩儿交往，这是错误的，不但对不起小茜，也对不起红娘[4]小芹，这样下去，是很危险的！

---

[1] 哈姆雷特: *Hamlet*
[2] 台词: actor's lines
[3] 愿意: be willing
 e.g. 我非常愿意为大家服务。
[4] 红娘: matchmaker, go-between

老徐说:"我知道我错了,可是现在该怎么办呢?"

蝈蝈说:"现在你只有从她们两个之间选一个,决不可以脚踏两只船[1]。我问你,你到底爱谁?"

老徐想了半天,说:"好像她们两个我都爱。"

蝈蝈说:"这是什么话!你恐怕还想说两个都想娶,对吧?"

老徐点点头,说:"对。"

蝈蝈生气地说:"这不行!你只能挑一个!"

老徐问:"你说挑谁?"

蝈蝈说:"你觉得谁好就挑谁。"

老徐说:"两个都好。"

蝈蝈说:"那就挑小茜。"

老徐问:"为什么?"

[1] 脚踏两只船: straddle two boats, referring to someone who loves two people at the same time

蝈蝈说:"先来后到[1]啊!"

晚上小芹来找蝈蝈,也知道这件事了。她对老徐说:"老徐,你可要对得起小茜啊!"这句话说得老徐脸红。

当晚老徐睡不着觉了,经过反复考虑,老徐决定给菁菁写封信说明情况。他在做出这样的决定之后,心情极为悲痛[2]。老徐对自己说,老徐啊老徐,为了专一的感情、为了良心和责任[3],你放弃了菁菁,放弃了浪漫[4]的爱情,是很痛苦的,但将来你一定会有好的回报[5]!

老徐给菁菁的信改了又改,充分表达了那种想爱不敢爱的感情,真是句句有泪。老徐写完之后,偷偷地哭了,抽了一根烟,才慢慢地去投信[6]。老徐与菁菁从此再没有来往。听说,菁菁收到那封信后,并没有像老徐想的那样痛苦,只是

---

1 先来后到: first come, first served
2 悲痛: grieved
3 良心和责任: conscience and responsibility
4 浪漫: romantic
e.g. 法国人的生活很浪漫。
5 回报: requital
6 投信: deliver a letter

感情问题

慢慢地把信撕[1]了，说了一句，这个骗子！老徐听到这件事后非常伤心和生气，对蝈蝈说："我怎么又成骗子了？"

这件事就结束了，老徐感到欣慰[2]的是，小茜一点儿也不知道这件事。老徐仍然扮演[3]着感情专一的男朋友角色[4]。

学期末老徐在紧张地准备考试，和小茜的约会少了。不知为什么，老徐感到时间一长，自己与小茜两人在很多方面都没有共同点[5]。比如老徐热心[6]集体活动[7]，小茜不热心；老徐关心国家大事，每天坚持看新闻联播[8]，小茜却认为国家大事与自己没有关系；老徐爱吃苹果，小茜爱吃梨[9]；老徐喜欢甜，小茜喜欢咸[10]；老徐讨厌小猫小狗，小茜却非常喜欢，等等。

一天，在小茜考完实验课之后，老

1 撕: tear
2 欣慰: be gratified, delighted
 他的书写完了，他感到很欣慰。
3 扮演: act as
4 角色: role
5 共同点: common ground
6 热心: enthusiastic
7 集体活动: collective activities
8 新闻联播: Network News Broadcast
9 梨: pear
10 咸: salty
 他做的菜太咸了。

徐来接她。为了一件小事两人吵了起来。
小茜说:"你别烦¹我好不好?"
老徐说:"你烦我还是我烦你?你不要搞错!"
小茜说:"我烦你?你觉得我烦,你别来找我啊!"
老徐说:"你以为我想找你?你了不起,我一定要找你?"
小茜哭着说:"我当然没什么了不起,我知道我没什么了不起,你去找了不起的人吧!"
老徐说:"你看你看,又来了!你这样说就没多大意思了。"
小茜说:"我是没意思,其他有意思的女孩儿多得是,你尽管去追好了。"
老徐说:"我还没见过你这样不讲道理的人呢。"

1 烦:annoy
e.g. 我正忙着呢,你别烦我了。

小茜一下子哭了起来，转身跑了。老徐只好追她去了。老徐追到女生楼下，小茜已经进去了。老徐进不去，在楼下传呼[1]她。半天，小茜也没下来，老徐只好走了。他的样子看上去很可怜。

第二天老徐早早地跑到女生楼下等小茜。小茜终于下楼来与他见面了。老徐说："好了，小茜，别生气了，是我不好。"

小茜没有说话。

老徐只好再一次说："都是我不对，你原谅[2]我行不行？"

小茜看了他一眼，说："你总是和我吵，一点儿也不知道让着我，脾气一点儿也不好。"

老徐心里想，你的脾气就好了？你脾气比我的还要坏！然而老徐却不敢把这些话讲出来。他说："好了好了，我

1 传呼: contact sb. through a pager
2 原谅: forgive
e.g.请原谅我的错误。

以后不和你吵了，好吗？别生气了。"

小茜说："你的保证谁又敢相信呢？每次吵完架，你都保证说不再和我吵了，可每次都又吵。"

老徐心里想：你不保证不和我吵，当然只好由我来保证了。但吵架是两方面的事，一方来保证是没有用的。

两人在楼下站了一会儿，小茜要去上课，两人慢慢地向教学楼走去。太阳出来了，早上的阳光使校园生气勃勃[1]。然而老徐和小茜的脸色却像六月的梅雨天[2]，让人感到心里发凉[3]。他们的心情是太阳照不到的地方。

放假了，小茜回她的家乡，老徐回他的家乡。老徐本来想在假期中给小茜打电话或写信，但又想，等小茜

---

[1] 生气勃勃: thriving and energetic

[2] 梅雨天: rainy days, here referring to a gloomy facial expression

[3] 凉: discouraged

感情问题

给他打电话或写信,他才给她回电话或回信;小茜也在想,等老徐给她打电话或写信,她才给他回电话或回信;结果两人越等越生气,到最后谁也没给谁打电话或写信。

假期就这样过去了。

等到开学,两人还在相互生气,一个星期没有见面。后来老徐终于挺不住了,放下架子[1]去看望小茜。小茜也很爽快[2],马上就下楼来了。

老徐笑着说:"小茜,我……"

小茜打断[3]他,说:"什么也别讲,我也不想同你多说什么,我要说的,都在这封信里,你拿去看吧。"说完把一封信递给老徐,转身走了。

老徐愣了一下,赶紧拆[4]开信。他看完信,脸色就变了,想去找小茜,可又

1 架子: airs
2 爽快: frank, straightforward
e.g. 他是个爽快人。
3 打断: interrupt
4 拆: tear open

停下来,自言自语地说,这样也好,就走了。

老徐和小茜分手[1]的消息使老徐的室友很吃惊。大家都想知道其中的原因。老徐把小茜写的信给大家看。

小茜在信中写了很多,主要的一条是性格不和[2]。这是分手的人经常使用的原因。但小茜还写了另一个原因:在和老徐谈恋爱时,她高中的一个同学(现在在家乡工作)一直在追她,这次放假回去,通过接触[3],她觉得他要比老徐更适合她,而且毕业以后如果老徐不能跟她在同一个地方工作,也是件麻烦事。所以经过考虑之后,她决定和老徐分手。

蝈蝈看完信说,这小茜怎么可以脚踏两只船?同时和两个男孩子保持恋爱[4]关系,简直不道德[5]!老徐却说:"不要

---

1 分手: part; say goodbye

2 不和: incompatible
e.g. 他们由于性格不和,分手了。

3 接触: contact
e.g. 接触了几次之后,他觉得这个人很不错。

4 恋爱: fall in love
e.g. 他恋爱了。

5 道德: moral

怪人家，每个人都想多条退路[1]，这很正常。"蝈蝈吃惊地看着老徐。

老徐爬上床，撕下挂在床头的"不要四面出击"，回头对蝈蝈说，这只能说明，你的"不要四面出击"的原则[2]已经不适合现在的潮流[3]了。他停了一下，说："我现在觉得遗憾[4]的是，当初没有同菁菁保持友好的关系，都是你的'不要四面出击'的原则害的！"

[1] 退路: leeway
[2] 原则: principle
[3] 潮流: trend
[4] 遗憾: regret

This story has been abridged according to A Yi's short story, 感情问题, which was published in *Selected Short Stories of 1999 in China* (1999年中国短篇小说精选), edited by the Creation and Study Section of the China Writers Association (中国作协创研部), Changjiang Literature and Art Publishing House (长江文艺出版社), Wuhan, 2000.

About the author A Yi (阿益):

A Yi was born in 1973. His original name is Liu Yi. He entered Fudan University in 1991 and obtained his Master of Arts. Currently, he works in the Shanghai Academy of Social Sciences. He has published the novels, 大话万历 (*Dàhuà Wànlì*), 周处 (*Zhōu Chù*), and 禁城里的影子皇帝 (*Jìn Chéng Li De Yǐngzi Huángdì*), as well as many novellas and short stories in 小说月报, 新华文摘, 中华文学选刊, etc. He was the recipient of the first Shanghai Literature New Writer's Prize (上海文学新人奖).

思考题：

1. 老徐为什么单身？
2. 蝈蝈和老徐的室友是怎么看老徐的"四面出击"的？
3. 老徐为什么和小茜分手了？
4. 小茜应不应该"脚踏两只船"？
5. 老徐应该怎样处理爱情问题？是该"四面出击"还是该"爱情专一"？

四、八月十五月亮圆

原著：刘庆邦

四、八月十五月亮圆

Guide to reading:

Since China's reform and opening up in 1979, some farmers have managed to build up their family fortunes and enrich themselves through different means. However, when they became rich they sometimes changed their traditional moral values and in some cases ended up deserting their wives in the countryside. In this story, a man named Li Chunhe (李春和) owns a coal pit. When he grows rich, he moves to the city and lives with another woman while his wife, Tian Guihua (田桂花), remains in the countryside doing farm work and eagerly awaiting his return. She does not believe the rumors that she hears about her husband and calls him to come back home to prove that they are not true. Eventually, Li Chunhe comes home to celebrate the Mid-autumn Festival, which is a traditional festival of happy family reunion. When he returns, Tian Guihua is surprised to see that her husband drives a car and has brought home a little boy who is the son of Li Chunhe and the woman in the city, proving that all the rumors were true. Tian Guihua is deeply hurt and does not know why her husband has changed so much. Finally, even though her husband is rich and gives her a lot of money, she decides to divorce him. On the night of the Mid-autumn Festival, the moon is full but Tian Guihua's marriage is empty and sad. This story shows Tian Guihua to be a traditional and independent woman who finally faces up to truth of her unhappy marriage.

故事正文:

田桂花的丈夫李春和是个煤老板[1]。丈夫李春和四年多没有回家了,田桂花感到很没面子[2]。现在是和平[3]年月,丈夫没有参军[4],也没有战争[5],哪能几年都不回家看看老婆[6]呢!丈夫没有提出过跟她离婚[7],她和丈夫仍是夫妻[8]关系。南一个,北一个,老不住在一起,算什么夫妻呢!虽然丈夫几年没回家,但是丈夫每年都给她寄钱,春节寄钱,端午节[9]寄钱,中秋节[10]也会寄钱,每次寄的钱也不少。虽然钱是好东西,可以买粽子[11],买月饼[12],但钱是用纸做成的,不能代替丈夫。她现在还不老,她想丈夫,她需要丈夫。可是需要又能怎么样呢,丈夫不回家,她也没有办法,她感觉到她的生活跟那些没有丈夫的女人差不多。

1 煤老板: boss of a coal pit
2 面子: face
3 和平: peaceful
e.g. 人们都希望生活在和平的世界。
4 参军: join the army
5 战争: war
6 老婆: (spoken) wife
7 离婚: divorce
8 夫妻: husband and wife
9 端午节: the Dragon Boat Festival, the 5th day of the 5th lunar month when dragon boat races are held and people eat zongzi (粽子) to celebrate the festival
10 中秋节: the Mid-autumn Festival
11 粽子: zongzi, pyramid-shaped dumpling made of glutinous rice wrapped in bamboo or reed leaves
12 月饼: moon cake

村里人[1]说李春和在外面发财[2]了，人也胖了，腰比老水牛的腰还粗。村里人还说李春和在外面不仅买了房子，买了小汽车，还养了一个小老婆。每天晚上，李春和开车进城去找他的小老婆。田桂花不相信这些传言[3]，不但不相信，她还有些生气。她认为这是有人故意造谣[4]。她对村里人说："你们不要乱说，我们家的春和不是那样的人。"说了这些话，田桂花还是很生气，她的脸都气白了，手也气得发抖[5]。

田桂花对那些传言不是不相信，而是她不愿意相信。丈夫已经有老婆有孩子，如果在外面还有女人，那成什么人了！如果像别人说的那样，丈夫在外头养了小老婆，她是什么？她还算不算李春和的老婆？还有，国家的法律

1 村里人: villager
村: village
2 发财: get rich
e.g. 他希望今后能发大财。
3 传言: rumor
4 造谣: make up a rumor
5 发抖: tremble

规定¹,一个男人只能有一个老婆,丈夫要是养了小老婆,那就犯法²了!说来说去还是自己的丈夫不对,要是丈夫像五年前那样,一年回家一两趟,那些风言风语³就没有了。丈夫一年、两年、三年、四年都不回来,情况就不一样了,那些传言就不是风言风语了,而是像砖头⁴一样压⁵在她的心上。丈夫一天不回来,砖头就压上一块。一个月不回来,砖头就压上三十块。一年不回来呢,压在她心上的砖头就越来越多,压得她受不了了。不行,田桂花一定得让丈夫回来一趟。她不说为了自己,说是为了女儿。丈夫上次回来,女儿小静还不满一岁,还不会叫爸爸,还不会走路。如今女儿都五岁多了,却记不起爸爸是什么样,是高还是矮,是胖还是瘦。村

1 法律规定: the law stipulates that...
2 犯法: violate the law
3 风言风语: scandalous and groundless rumors
4 砖头: brick
5 压: press

里人说，小静长得像她爸爸李春和。可是，爸爸的样子她还是想不出来。

田桂花到村长[1]家给丈夫打电话，问丈夫今年春节到底回来不回来。丈夫说离春节还有好几个月呢，到时候再说。她说："到时候你又说有这事儿那事儿的，还是现在说吧。我和小静也好有个准备。"丈夫说："回家过春节不是不可以，只是……这样吧，等决定下来，我给你打电话。"田桂花说："你说得好听，都是我给你打电话，你啥时候给我打过电话？头两年你也说过到时候给我打电话，我从初一等到十五[2]，到底没等到你的电话。我想问问你，你心里还有没有你这个老婆？还有没有这个家？"她低着头，不由得[3]哭起来。丈夫说："我每年过节[4]都给你寄钱嘛，而且

1 村长：head of a village

2 从初一等到十五：waiting from the first day to the fifteenth day of the lunar year；初一：first day of the Spring Festival, 1st day of the lunar year；十五：here refers to the Lantern Festival（元宵节）

3 不由得：can't help but to

4 过节：celebrate a festival

e.g. 过节的时候，人们都想回家看看。

一年比一年寄得多，你还要我怎么样？"田桂花说："今年我不要你的钱，就要你回来。你要是不回来，我就领着小静去找你。你不知道，村里人把你说成啥[1]了。"丈夫问："说我啥？有啥可说的？"田桂花说："那些话我都说不出口，我都替你感到害羞[2]。"丈夫停了一会儿说："好吧，今年春节我回去。你听着，我回去的事儿不要对别人说，你自己知道就行了。别人知道我回去，都要来找我，让我帮着办这个，办那个。咱们那儿的人麻烦事儿太多。"田桂花说："你放心吧，我知道。"

过了几天，丈夫打电话回来，村长通知田桂花来接电话。丈夫对田桂花说，他春节不打算回去了。田桂花正要着急，丈夫马上说他打算回家

1 啥: (dialect) what
2 害羞: shy
e.g 这个女孩一看见不认识的人就害羞。

过中秋节。丈夫说,春节期间农村太冷了,让人受不了。中秋节不热不冷,气候好。田桂花说:"你吓我一跳[1],我以为你今年又不回来呢。不管啥时候回来,只要回来就好。"丈夫问:"你是不是想我了?"田桂花脸上红了一下,不好意思地说:"谁想你,没人想你!"

这天是八月十二,再过三天就是中秋节。田桂花晚上到院子里把月亮看了看,月亮只差一小块,补上那一小块,月亮就圆满了。丈夫代表的就是那一小块,等丈夫一回来,他们家的月亮就团圆[2]了。丈夫是个能吃苦[3]的人,也是个有本事[4]的人。一开始,丈夫在别人的煤窑[5]里挖煤[6]。后来,丈夫把挖煤的技术学会了,就找了一些人到煤窑挖煤,自己当上了工头。几年以后存[7]了一些

1 吓我一跳: give me a fright

2 团圆: have a reunion

3 吃苦: bear hardships
e.g. 他能吃苦,学习特别好。

4 本事: ability
e.g. 他的本事很大,想在国外开几家公司。

5 煤窑: coal pit

6 挖煤: dig coal

7 存: save, deposit

钱,再后来,他就买下一座煤窑,现在成了人们所说的煤老板。当上煤老板之后,他就没有再回来过。田桂花已经和丈夫做了十七八年的夫妻,四年多没见过自己的丈夫了,她心里是很激动[1]的。为了欢迎丈夫回家,她买了月饼、水果,还买了肉、鱼和鸡。她把院子扫[2]了一遍又一遍,把桌子、椅子擦了一回又一回,忽然想起,应该带女儿到镇[3]上的澡堂[4]洗个澡。镇上前年就开了澡堂,花两块钱就可以洗一个热水澡。听说澡堂内还有单间[5],你如果愿意花四块钱,就可以开一个单间,一个人或者是夫妻两个人,想怎么洗就怎么洗。村里不少男人女人都去洗过澡了,她一次也没去过。她对女儿说:"走,咱去洗个澡。你爸爸快回来了,别让你爸爸嫌[6]咱们。"她用

1 激动: be excited; get excited
2 扫: sweep
e.g.他正在扫院子。
3 镇: town
4 澡堂: public bath
5 单间: single room
6 嫌: dislike
e.g.别嫌这里的条件不好。

自行车带着女儿到澡堂去，母女俩包了一个单间。洗完澡出来，她从澡堂门口的镜子里看到了自己洗得发红的脸，还有黑黑的头发，身上感到一种从未有过的轻松[1]。骑上自行车，看着路边的绿色田地[2]，她心情愉快，骑车也骑得快，快得像飞一样。坐在自行车后面的女儿很害怕，让她骑慢点儿。她骑慢了，笑着对女儿说："我骑车骑得快，想试试你害怕不害怕。说不定你爸爸还带你坐汽车呢，汽车跑得更快，看你怎么办？"
女儿回答说："我不坐汽车。"

丈夫这次真的回家了，八月十四下午，丈夫回来了。丈夫是自己开车回来的，汽车的颜色是黄的。丈夫还认识村里的路，村子里有好几条街，他一直开到自己家的那条街的街口。他本来还想往

1 轻松: relaxed
 e.g. 工作干完了，他感到很轻松。
2 田地: field

里开,一直开到自己家的院子门口。可他刚进去一点儿,又退了回去。街上的路不平,路的两边还堆着一些草和砖头,汽车开不过去,李春和只好把车停在路边上。人们听见了汽车的声音,看见有一辆小汽车开进了村里。这是谁呢?是不是那个在外面发了财的李春和呢?汽车的门开了,从车上下来一个人。他一下车人们就认出来了,果然是李春和。有的小孩儿跑着去告诉田桂花:"小刚他爸爸回来了,开着小黄汽车。"田桂花说:"是吗,这么快呀!"她赶紧往院子门口走,忘了把小静带上。听见小静着急地喊:"妈妈,妈妈!"她回过身,拉上小静的手。田桂花一走出院门,就看见了站在车旁边的丈夫。丈夫吃胖了,肚子挺得高高的,像个孕妇[1]似的。

1 孕妇: pregnant woman

丈夫本来个子就矮,腿也短,肚子这么大,腿显得更短了。丈夫的脸也吃大了,头顶油光闪亮[1]的。田桂花看了丈夫一眼,就没有再看,低着头向丈夫走去。走到丈夫身边,她才又抬起眼来,说:"回来了?"丈夫说:"回来了。"接着又说:"这几年村里没什么变化嘛,路这么糟糕[2],也没人修一修,连车都开不进来。"田桂花说:"谁修呢?没人修。这车是你自己的吗?"丈夫反问:"你说呢?"田桂花知道丈夫是真的买了车,看来村里人没有乱说。田桂花说:"好了,回家吧。跑这么远的路,你累了。"

这时,车里好像有人说话。丈夫答应着"来了来了",赶紧来到小汽车的右边,拉开车门。右边的座位上坐着一个小男孩儿,小男孩儿身上系着安全带[3]。

---

1 油光闪亮: glossy and shiny

2 糟糕: terrible
   e.g. 今天的天气很糟糕,不出去玩儿了。

3 系着安全带: fasten a seat belt

丈夫解开安全带,把小男孩儿抱了出来。小男孩儿大概有两三岁的样子,白胖的脸,很可爱。小男孩儿大概在车上睡着了,才睡醒。丈夫说:到家了,下来吧。丈夫想把小男孩儿放在地上。小男孩儿抱着丈夫的脖子[1],说"抱抱"。田桂花吃惊地[2]问:"这是谁家的孩子?"丈夫没有回答,说:"等回到家我慢慢跟你说。"田桂花看看小男孩儿的脸,再看看丈夫的脸,心中明白了很多。她问:"小刚呢?你怎么没让小刚跟你一块儿回来?"小刚是他们的儿子。在小刚该上小学五年级[3]的时候,丈夫就把他接走,送到城里的贵族学校[4]读书去了。丈夫说:"中秋节学校不放假,小刚不能回来。"田桂花和丈夫说话时,小静拉着妈妈的手,躲[5]在妈妈身后,想看爸爸又不敢看,看一眼

[1] 脖子: neck
[2] 吃惊地: astonishingly
[3] 五年级: Grade Five
[4] 贵族学校: aristocratic school, here referring to a school for the children of rich families
[5] 躲: hide

之后,就躲起来;再看一眼,又躲起来。没人注意她,小静摇着妈妈的手,大声喊妈妈。田桂花突然想到了小静,她把小静拉到前面说:"你不是想你爸爸嘛,这就是你爸爸,快喊爸爸。"小静看了看爸爸,嘴动了动,还没喊出口,小男孩儿说话了:"这不是你爸爸,是我爸爸!"小男孩儿说得声音很大。既然这样,小静就不用喊爸爸了,又躲到妈妈身后。小静不明白这是怎么回事。丈夫对小男孩儿说:"哎,源源,不许这样说话,爸爸是你的爸爸,也是你姐姐的爸爸。"

一切都明白了,丈夫不但在外面买了车,买了房子,养了小老婆,还让小老婆给他生了儿子。丈夫的小老婆虽然没有回来,但小老婆生的孩子回来了。丈夫又有了儿子,她一点儿都没听说。以前的事,都是传言。现在传言变成真事儿了。丈夫有小老婆了,并且私生子[1]都两三岁了。丈夫这是怎么了,胆子[2]怎么这么大呢,怎么一点儿脸面都不要了呢!人一有了钱,难道什么都不怕了?有了钱就不要脸面了?田桂花看见,他们旁边站了很多人,那些人都在看丈夫抱着的小男孩儿,还有人说小男孩儿长得真好看。田桂花有些尴尬[3],不知说什么好。丈夫打开了汽车的后备厢[4],说,把车里的东西往家里拿吧。后备厢里装得满满的,有好几个纸箱子,还有一只皮箱[5]。纸箱里装的有月饼、糖果[6]、好烟好酒,还有一箱子玩具[7]。后备厢一打开,源源就开始要玩具,要这个玩具,要那个玩具……丈夫说别着急,到家再给你拿。

1 私生子: child born out of wedlock
2 胆子: guts
3 尴尬: embarrassed
e.g. 看到前妻,他很尴尬。
4 后备箱: trunk
5 皮箱: leather suitcase
6 糖果: candy
7 玩具: toy

田桂花从车里往家里搬东西,村里的一些妇女也过来帮着搬。小静拉着田桂花的衣服,妈妈走一步,她跟着走一步。小静没叫成爸爸,爸爸好像被别人抢[1]走了,她看上去很委屈[2]。妈妈说:"让你叫爸爸,你不叫,就会跟着我。"小静说:"就跟着你!"一个妇女帮着搬东西,一边走一边对田桂花说:"大嫂[3],你算捡个大便宜[4],你没费事[5],大哥就给你带回来一个儿子。"田桂花没有说话,只是笑了一下。

东西刚搬进家,源源就打开一个纸箱子,把玩具一件一件地往外拿,摆在地上,一会儿地上就摆满了玩具。这些玩具,有的是电动[6]的,有的是声控[7]的。源源在地上玩儿玩具,大家站在旁边看着。源源玩得高兴,大家看得也

1 抢: rob, snatch
2 委屈: feel wronged
 e.g. 她感到很委屈,含着眼泪离开了。
3 大嫂: a form of address for a married woman who is older than oneself
4 捡个大便宜: gain a big advantage
5 费事: take trouble
 e.g. 他嫌包饺子太费事,就去超市买了饺子。
6 电动: electronic
7 声控: sound controlled

很高兴。很多玩具都是村里人没见过的。来的人都是一些妇女和孩子,丈夫让田桂花给大家拿糖果吃,每人一把。田桂花刚发了两把糖果,源源发现大家都不注意他的玩具了,就不玩儿玩具了,说:"我发,我发糖果。"田桂花说:"咱俩一块儿发。"源源把她推开了,说:"不让你发。"田桂花说:"好好,你自己发。"源源先给大人发。每个妇女接到糖果,都说这小孩儿真乖[1]。有人问:"你叫什么名字呀?""我叫源源。""你爸爸叫什么名字呀?""我爸爸叫李春和。""真对,真聪明。那你妈妈呢,你妈妈叫什么名字呀?"这个问题提出后,那些妇女对这个问题很感兴趣,都看着源源的嘴。源源说:"我妈妈叫高天美。""你妈妈叫高天美。"一

---

[1] 真乖: lovely, well-behaved

个妇女指着田桂花说,"你知道这是谁吗?这是你大妈妈。"田桂花赶紧对那妇女摆手摇头,说:"别跟孩子说这个。"她弯下腰对源源说:"你叫我阿姨[1]吧。"源源却说:"不,你不是阿姨,你太老了!"一屋子人都笑了。田桂花看了一眼丈夫,见丈夫也在笑。田桂花说:"是的,我是老了。"

丈夫拿出香烟,却一支烟也没给出去,因为一个男人都没来。他问一个妇女:"男的是不是都外出打工[2]去了?"妇女说是的。这时丈夫的手机[3]响了,他拿出手机,一边接电话,一边往院子里走。来到院子里,丈夫说:"已经到家一会儿了,很顺利。来了一屋子人,正在说话,还没空给你打电话呢。源源很乖,正在给大家发糖果,你放心吧。没事儿,跟着我,

1 阿姨: aunt
2 打工: work temporarily
e.g. 家里的生活很困难,他准备去南方打工。
3 手机: cell phone

你还有什么不放心的……"

源源在屋里发糖果,该给小静发糖果了。小静说:"我才不吃你的糖呢,这是我们家,不是你的家,你走吧!"说完,打了一下源源抓糖果的手,花花绿绿的糖果掉在地上。小静打了源源的手,源源感到很委屈,就大声哭了起来,喊爸爸。田桂花对小静喊道:"你这孩子,怎么能这样呢,源源是你的小弟弟,去,把地上的糖捡¹起来。"小静不捡,也哭了,说:"这就不是他的家,就不是他的家!"没办法,田桂花只好拉住小静的手,把小静拉走,说:"走,咱去做饭去。"接完电话,丈夫往屋里走,问:"怎么了?怎么了?"田桂花说:"两个孩子闹气²,你去哄³源源吧。你想吃点儿什么,我去给你做。"丈夫问

1 捡: pick up
e.g 他在路上捡了一个钱包。
2 闹气: be cross with sb.
3 哄: coax
e.g 孩子不哭了,她才把孩子哄睡着了。

家里有什么。她说,有肉、有鸡、有鱼,什么都有。丈夫说:"我正在减肥[1],不吃肉了。这样吧,做点疙瘩汤[2]吧。很久没喝你做的疙瘩汤了。"

尽管丈夫说了不吃肉,田桂花还是按原计划给丈夫做了几个扣碗儿[3]。丈夫以前说过,他最喜欢吃老家[4]的扣碗儿。这几种扣碗儿都是丈夫爱吃的。在大锅里热好了扣碗儿和馒头[5],她才开始给丈夫做疙瘩汤。酒喝多了的时候,喝上一碗疙瘩汤,人很快就舒服了。丈夫跟着别人挖煤那时候,每年春节都回来跟人喝酒,她都会给丈夫端上疙瘩汤醒酒。丈夫今晚要喝疙瘩汤,是不是他自己要喝酒呢?

田桂花开始不想和李春和结婚。她嫌丈夫的个子矮,弟兄又多,家里又

1 减肥: lose weight
2 疙瘩汤: dough drop soup
3 扣碗儿: a special dish—first fry the meat covered with flour paste, then put the fried meat and sauces in a bowl and steam the bowl, then turn the bowl with the meat upside down onto a plate.
4 老家: old home; native place
5 馒头: steamed bun

穷。可丈夫让媒人¹一次次找她,说他一定要让家里富²起来,一辈子³对她好。还说,她如果不愿意跟他结婚,他就不想活了。丈夫现在确实富了,可丈夫的心也变了。她不会跟丈夫闹,闹起来只会让村里人看笑话。她知道怎么办。

她做饭时,小静就在旁边。小静的样子很不高兴。田桂花看得出来,小静受委屈了。成天想爸爸,爸爸回来了,却成了别人的爸爸。别说小静,换了哪个孩子,都会觉得委屈。田桂花想劝劝小静,但不知道怎么劝。她说:"小静,你想睡觉了吗?要是想睡觉了,到大床上去睡吧,到吃饭的时候我叫你。"小静没有说话,也没有抬起头来,只摇摇手。饭做好了,月亮出来了。田桂花对丈夫说:"准备吃饭吧。"她一说

1 媒人: matchmaker, go-between
2 富: become rich
3 一辈子: all one's life

e.g. 他一辈子都生活在农村。

吃饭,那些来看源源的人就走了,屋子里、院子里一下子安静了。月亮一出来就很大,大得仿佛一伸手就能摸到。月亮也很亮,月光照在地上。院子里有一个小菜园[1],虫子[2]在菜园里叫起来。丈夫没有马上吃饭,到院子里指月亮给源源看。源源还是让丈夫抱着,不愿站在地上。丈夫说:"你看你看,这就是咱老家的月亮,你看咱老家的月亮大不大?"源源对看月亮似乎[3]并不感兴趣,说:"找妈妈,找妈妈!"丈夫说:"想找你妈妈很容易,你吃了饭就睡觉,等你一睡着,一做梦,你妈妈就来了。"

吃饭时,两个孩子都不好好吃。源源指着小静说:"她总是看我。"丈夫说:"她是你姐姐,看看你怕什么,快吃快吃。"小静不是看,而是在大人不

---

1 菜园: vegetable garden
2 虫子: insect
3 似乎: seemingly

注意的时候瞪[1]源源。小静不仅用眼睛瞪他，还仿佛在说："这是我妈妈做的饭，不让你吃，你滚蛋[2]！"小静越是瞪他，他越要看小静。他看一下，就转过脸，然后又转过脸看小静。小静又瞪他，他就闹，喊着："她还在看我呢！"田桂花发现了小静在瞪源源，说："小静，别看你弟弟了，让弟弟吃饭。"小静说："他不是我弟弟，我不知道他是谁！"田桂花和丈夫互相看了看，田桂花对小静说："走，咱俩到院子里去吃，外面月亮又圆又亮。"田桂花把小静拉到院子里去了。

丈夫的父母亲都不在了，吃过晚饭，丈夫让田桂花把月饼烟酒拿出两份，他要给村支书[3]和村长送去。田桂花让丈夫把源源放在家里，她替丈夫看着。

1 瞪: glare at
2 滚蛋: (curse) get out
3 村支书: village secretary of the Party branch

源源不干,非要¹跟着爸爸一块儿去。丈夫说:"我带着他吧,没关系。"田桂花说:"我怕人家问你这是谁的孩子,你有嘴张不开。"丈夫说:"这有什么,我的孩子就是我的孩子,我光明正大,实事求是²。"

丈夫送礼³回来以后,田桂花已经把床铺⁴好了。她让丈夫和源源睡东边屋子里的大床,她另外收拾出一张小床,和小静睡在西边的屋子里。丈夫看见了西边屋子里的小床,笑着问:"怎么,和我分居⁵了?"田桂花说:"我怕两个孩子不愿意睡一个床。"丈夫说:"不是吧。"

丈夫把源源哄睡着,又到西边的屋子里。丈夫见田桂花没脱衣服,小静还抱着妈妈的脖子,就坐在床边的凳子⁶

1 非要: have got to
2 光明正大,实事求是: just and honest
3 送礼: give sb. gifts
4 铺: make (a bed)
5 分居: stop living as a married couple
   e.g. 他们夫妻关系不好,已经分居好几年了。
6 凳子: stool

上。他问:"小静睡着了吗?"田桂花说:"不知道。"丈夫说:"看来你真的生气了。"田桂花说:"我生什么气,有的人脸面都不要了,我生气有什么用!"丈夫说:"话不能这么说。"田桂花说:"你养了小老婆,养了也就养了;让小老婆给你生了孩子,生了也就生了,还把孩子带回来,人家不知道你有钱是不是?"丈夫说:"这不是钱的问题,这跟有钱没钱也没什么关系。孩子的老家在这里,孩子的根儿[1]在这里,我总得让孩子认认他的根儿吧。你以前也跟我说过,咱们只有小刚一个儿子,有点儿少。咱们原来打算要四个孩子,两个男孩儿,两个女孩儿。结果只生了两个孩子,人家就不让生了。现在有人愿意给咱们再生一个儿子,咱总不能不要

[1] 根儿: root

吧。"田桂花说:"你就不怕犯重婚罪[1]?"丈夫说:"什么重婚,我又没跟她结婚,我老婆还是你。只要你不告[2]我,别人就不会管。你不知道,我的那些朋友差不多都让别的女人为他们生孩子,也算是新潮流[3]吧。"田桂花说:"什么新潮流?我看你们还是钱多了烧[4]的,要不是钱多了,你们就不会胡作非为[5]。"

丈夫说:"看来你已经跟不上现在这个社会了。别说现在,过去的地主[6]还要娶[7]两三个老婆呢,你说这问题怎么解释?这只能说明人家有本事,人家是成功的。"田桂花说:"我跟不上社会,我还不想跟呢!"

丈夫起身到东边的屋子里去,打开皮箱,拿出钱,又来到田桂花的床边,对田桂花说:"给你,这是一万块钱,

1 重婚罪: bigamy
2 告: sue, accuse
3 新潮流: new trend
4 烧: swollen-headed
5 胡作非为: act wildly in defiance of the law or public opinion
6 地主: landlord
7 娶: marry (a woman)
e.g. 他娶了一个年轻的妻子。

留着你在家里花。"田桂花没有伸手接钱,说:"我不要,在家里花不了多少钱。你以前寄给我的钱还没花完呢。"
丈夫说:"你可以买一台电视嘛,没事多看看电视,多了解外面的生活,接受一些新思想。你的思想跟不上现在的社会,跟你不看电视有关系。现在的人,哪有家里没电视的。城里人都看电视。我在城里新买的房子里,有三台电视,客厅¹里一台,卧室²里两台,坐着躺着都可以看。一天不看电视,我都有点儿受不了。比方³说吧,屋里有了电视,就等于墙上有了窗户。住在没有电视的屋子里跟住监狱⁴差不多。"
田桂花还是不接钱,说:"我哪能跟你比呢,你是高级⁵人,我是老农民。你只管住你的高楼,我还住俺的监狱。"

1 客厅: living room
2 卧室: bedroom
3 比方: take for example
4 监狱: prison
5 高级: superior, advanced

丈夫把钱放在了床上,有些不高兴,说:"你傻[1]吗?你怎么这么傻呢!"田桂花说:"我当然傻了,要是不傻,我也不会替你守[2]着这个家。"她心里委屈,眼泪流出来了。丈夫说:"别这样,你对我好,我一辈子都不会忘记。要不是你同意跟我结婚,我也不会有今天。咱俩是结发夫妻[3],白头偕老[4]的还是咱们两个,你还是我的老婆。这一点你放心。别人都是临时[5]的。"说着,丈夫把一只手放在田桂花胳膊[6]上。田桂花把胳膊动了一下说:"孩子还没睡着呢。"小静果然没睡,她把妈妈的脖子抱得更紧了,说:"我还没睡着呢,你走吧。"丈夫笑了,说:"真是我的女儿,真像我。"小静却说:"我不像你,你学坏了。"田桂花赶紧对女儿说:"不许这样说你

1 傻: foolish, stupid
2 守: keep, observe
3 结发夫妻: husband and wife by first marriage
e.g. 他们是结发夫妻,感情特别深。
4 白头偕老: live to old age in conjugal bliss
5 临时: temporary
6 胳膊: arm

爸爸。"丈夫说:"完了完了,我算是把我女儿得罪[1]了。"田桂花说:"你累了一天了,早点儿休息吧。"丈夫往东边的屋子里走去,突然丈夫停下来说:"不行,我要把我女儿带走,培养[2]培养和我的感情。"田桂花说:"那不行!"小静也说:"那不行!"

第二天是中秋节,到家里来找丈夫的人不多。上午来了一个瘸腿[3]的人,那人看着源源问丈夫:"这是你的孩子吗?"丈夫说是的。那人说:"乖乖,这孩子长得真好!"说完,就走了。下午四奶奶来了,丈夫对四奶奶很热情,请四奶奶快到屋里坐。原来四奶奶是来找鸡的,说她昨天买了一只公鸡[4],不知道跑到哪里去了。丈夫抱着源源到村里转了一转,也没碰见什么人。丈夫说

1 得罪: offend
e.g. 他说话不注意,得罪了老板。
2 培养: nurture, train
3 瘸腿: crippled
4 公鸡: cock

现在的农村跟以前农村真是不一样了。

十五的月亮升起来了,田桂花把月饼摆在盘子里,一家人还没开始吃,源源突然又哭起来。他哭的声音很大,喊着回家,回家,找妈妈!田桂花问小静:"你怎么又把小弟弟弄哭了?"小静的脸转向一边,不回答。这时源源的妈妈打来电话,丈夫接手机的时候,源源的妈妈大概听到了源源的哭声,认为有人欺负[1]了源源。丈夫怎么解释都没用。丈夫说:"没人欺负他,都对他好着呢,他就是想妈妈……好好好,叫你儿子跟你说话。"丈夫把手机放在儿子耳朵上,儿子听到了妈妈的声音,哭得更厉害[2]:"妈妈,他们要吃我,你快来救救我吧!"丈夫说:"这孩子乱说。"把手机从源源的手里拿过来,继续跟

1 欺负: bully, insult
2 厉害: seriously

源源的妈妈通话[1]："什么，让我们现在就回去，我们明天再回去不行吗？算了算了，你不要往这儿赶了，我们现在就往回赶，还不行吗？"

田桂花听得明白，问丈夫："现在就走吗？吃了月饼再走吧？"丈夫说："走吧，不吃了。"田桂花没有阻拦[2]丈夫，去东边的屋子里帮丈夫收拾东西。

月光照在村子的小路上。田桂花拿着东西，领着小静，一直把丈夫送到汽车旁边。田桂花对丈夫说："你以后要是不想回来，就别回来了。"

丈夫说："没办法呀，我看情况再说吧。"

田桂花又说："你要是想离婚，我也不会赖[3]着你。"

这大概是丈夫没有想到的，他说：

1 通话: talk by telephone
2 阻拦: stop
3 赖: hang on and be reluctant

"Zhè kěshì nǐ zìjǐ shuō de."
"这可是你自己说的。"
"Wǒ zìjǐ shuō de."
"我自己说的。"
"Nǐ búyào hòuhuǐ."
"你不要后悔¹。"
"Wǒ bú hòuhuǐ."
"我不后悔。"

1 后悔: regret
e.g. 她说了那些话一点儿也不后悔。

This story has been abridged according to Liu Qingbang's short story, 八月十五月亮圆, which was published in *Prize-Winning Works Collection of the Thirteenth Baihua Prize* (《小说月报》第十三届百花奖获奖作品集), edited by the Novel Monthly Editorial Department (小说月报编辑部), Baihua Literature and Art Publishing House (百花文艺出版社), Tianjin, 2009.

About the author Liu Qingbang (刘庆邦):

Liu Qingbang is one of China's most noteworthy contemporary writers. He is a member of the China Writers Association and vice-chairman of the Beijing Writers Association. He was born in the countryside in 1951, in Shenqiu (沈丘), Henan Province (河南省). He has talent for short stories and 红围巾 (*Hóng Wéijīn*) is representative of his style of short story writing. At different times in his life, he worked as a peasant, a miner and a reporter. Some of his works show his affection for his home village. He pays close attention to the destinies of ordinary people, especially those at the bottom of the social hierarchy. In some of his works he reveals the miserable lives of peasant miners.

He has published novels, including 红煤 (*Hóng Méi*), 断层 (*Duàncéng*), 远方诗意 (*Yuǎnfāng Shīyì*), and 平原上的歌谣 (*Píngyuán Shang De Gēyáo*), as well as a few novellas, and has won many literary prizes. His short story 鞋 (*Xié*) won the second Lu Xun Literature Prize 鲁迅文学奖. 少年的月夜 (*Shàonián De Yuè Yè*) and 卧底 (*Wòdǐ*) won the eleventh and twelfth Baihua Prizes. His novel 神木 (*Shén Mù*) won the Second Lao She Literature Prize and has been adapted into the film, 盲井 (*Máng Jǐng*) which was directed by Li Yang (李杨) and won the 53rd Art Contribution Silver Bear Prize at the Berlin International Film Festival. Some of his works have been translated into English, French, German, Italian, Russian and Japanese.

思考题：

1. 李春和是干什么的？他多长时间没有回家了？
2. 田桂花听到了什么风言风语？她相信吗？为什么？
3. 李春和带着谁回家过中秋节？
4. 李春和发财之后，他的生活发生了什么变化？
5. 田桂花最后做了一个什么样的决定？

五、风雪夜归人 [1]

原著：聂鑫森

1 风雪夜归人: one who returns on a snowy night

五、风雪夜归人

> **Guide to reading:**

In the grand building of the Municipal Party Committee, the office workers are busy and often work overtime. Yu Ting (虞汀), a young female office worker, has no time to enjoy herself. She doesn't even have time to find a boyfriend and often feels like she is growing old and lonely. Another office worker, Ai Jie (艾捷), loves literature, but is having trouble finding someone else who appreciates literature as much as him. He is not understood by his ex-wife, who often complained about his low position, until he divorced her. He feels lonely, too. On a beautiful snowy night, Yu Ting and Ai Jie work until midnight. After finishing their work, they leave their offices and take the elevator downstairs. As they are talking about the beautiful white snow and recalling stories from their pasts, there is a power failure and the light in the elevator suddenly goes out. The power failure keeps them stuck in the elevator for five hours on the cold night and during this time they fall in love. At five in the morning, the light resumes and the elevator begins to work again. They come out of the elevator and walk out onto the snowy square to enjoy the beautiful white snow. This is a romantic story.

故事正文：

大学毕业以后，虞汀被分配¹在市委党史办公室²工作，几年很快就过去了。机关的工作很忙，整天地看材料，写材料。机关大楼的气氛很严肃³，连说话和笑也都是轻轻的。这里的环境在慢慢地改变着她的性格。在大学的时候，她喜欢参加各种活动，比如时装表演、诗歌朗诵、辩论会⁴等，她喜欢说，喜欢笑。大学男生们都很注意她，喜欢她，班上的女同学常常嫉妒⁵她。那时的她，真是朝气蓬勃⁶。而现在呢，她常有一种"老"的感觉，二十八岁了，每天坐在办公室里写材料，连找男朋友的时间也没有。

这是一个冬天的夜晚，虞汀写完党史材料，看了看表，十二点差五分。也就是说，从吃过晚饭到现在，她

---

1 分配: assign
2 市委党史办公室: Office of the Party History of the Municipal Party Committee; 党史: history of the Party
3 严肃: serious
  🔊 他对待工作严肃认真。
4 时装表演、诗歌朗诵、辩论会: fashion show, recitation of poems, debate
5 嫉妒: envy; be jealous
  🔊 他总是嫉妒那些有钱的人。
6 朝气蓬勃: full of vigor and vitality

差不多用了六个小时写这份党史材料。她本来打算下班后,吃完晚饭到街上去逛[1]一逛商店,新年快到了,该去买件新衣服,还有化妆品[2]什么的。今天下班的时候,老主任说这个材料你晚上加班[3]写出来,明天市委要讨论。就这样她写了一个晚上!

她发现自己"老"了。有一次在街上碰到中学时的一个女同学,女同学一见她就说:"哎呀呀,虞汀呀,我们的美人怎么成熟[4]得这么快!有男朋友吗?"虞汀摇摇头。女同学接着说:"别把自己弄得像个女官员[5]似的,男孩子就怕这个!"虞汀脸红红的,说不出话来。

现在是夜里十二点,虞汀收拾好桌子上的东西,拿出一个小镜子照了照,她发现自己脸黄黄的,眼睛

1 逛: take a stroll; browse (in a shop)
_{e.g.}星期天没事,她喜欢和朋友逛街。
2 化妆品: cosmetics
3 加班: work overtime
_{e.g.}工作太多了,他们每天都要加班。
4 成熟: mature
_{e.g.}工作了多年以后,他越来越成熟了。
5 官员: official

红红的,马上就把镜子收起来了。她心想,该回宿舍了。这座市委办公楼一共十五层,有一千多人在里面工作,现在人们早已下班了,办公楼里空空的,她是最后一个离开这座楼的人!一想到这么大的楼里就她一个人,心里不免[1]有些紧张,她得赶快离开。党史办公室在十四层,乘电梯[2]下去,是很快的,走出大楼,再走几百米,就到她的宿舍了。可是回到宿舍里仍然是她一个人。在这冬天的夜里,没有热茶,没有夜宵[3],她觉得自己很孤独[4]。在她站起来准备走出办公室的时候,她听到玻璃窗[5]上发出细细的声音,像低声在说话,充满着一种温柔[6]。她走到窗前,往外面看去,啊,下雪了,雪花飞到了玻璃窗上。她把脸贴在玻璃上,

1 不免: unavoidably
2 乘电梯: take the elevator
3 夜宵: late night snack
4 孤独: lonely
5 玻璃窗: glass window
6 温柔: gentle
    e.g. 她说话的声音很温柔。

玻璃很温暖¹，因为房间里有暖气²。

虞汀关了灯，走出办公室，关了门。关门的声音尽管很轻，但在这空空的大楼里，在这静静的夜里，却显得十分沉重³。楼道⁴里的灯光是乳白色⁵的。她走向楼道中间的电梯口。刚走两三步，她听见另一间办公室的门响了一声，她非常紧张，心想：有小偷！不可能，大楼门口有人看门，市委大院门口还有警卫⁶，谁敢到这里来偷东西？那么，一定是一个和她一样加班的人。突然她的心里感到很温暖，她并不孤独。这座楼里有多少部门⁷，她不清楚，这第十四层有几个部门，她也不清楚。门响之后，她听到了很重的脚步声，是一个男人而且是一个年轻的男人！女人的脚步没这么重。一个男人渐渐地走近了，果然

1 温暖: warm
  e.g. 他有一个幸福温暖的家庭。
2 暖气: central heating
3 沉重: heavy
4 楼道: corridor
5 乳白色: milky white
6 警卫: guard
7 部门: department, section

是一个不到三十岁的男人,一米八的个子,戴一副眼镜,穿一件黑色大衣,样子很像电影里的一个男演员。虞汀脸忽然红了一下,慢慢地朝电梯口走去。

男人很快到了电梯口,等着电梯从楼下升上来。他在等电梯的时候,转过脸来,对着慢慢走来的虞汀微笑,但没有说话。虞汀突然感到自己走得太快了,为什么不等这个男人先乘电梯走呢,反正已经很晚了,也不在乎这几分钟,谁知道他是干什么的。她想:我回办公室去,让他先乘电梯走。就在她准备转身回办公室的时候,那男人开口了:"你也在加班?我还以为这楼里只有我一个人在加班呢。"他的声音真好听。虞汀被他的声音吸引住了,没有转身,继续朝前走着,她点点头,说:"外面下雪了。"男人说:"你一定想起了小时候堆雪人[1]的事儿了,要不怎么会这样高兴?""是吗?"虞汀笑了,心里想,这是一个有生活情趣[2]的男人。虞汀问:"你呢,也喜欢这雪?"男人说:"喜欢。第一片雪花碰到玻璃窗上时,我就看见了,我就想起了小时候打雪仗[3]、堆雪人,想起了在大学校园里的梅花[4]和梅花的香味。"男人的声音真美,他说话就像在读一首诗一样。虞汀好像看到了天上的雪花和梅花,感觉到了梅花的香味。她的心突突地跳着,她已经好久没有这种感觉了!

电梯声上来了,接着电梯的门慢慢地打开。男人优雅[5]地做了一个"请先上"的手势[6],并且一直站在门边,手指按在按钮[7]上。虞汀很感动,她笑了一下,很快地走进电梯里。接着,那男人也跟了进来,门关了。他又在那个"1"字

1 堆雪人: make a snowman

2 情趣: tastes and interests
e.g. 他是一个很有情趣的人。

3 打雪仗: have a snowball fight

4 梅花: plum blossom

5 优雅: gracefully, elegantly
e.g. 他们在优雅的音乐中跳舞。

6 手势: gesture

7 按钮: button

上按了一下。电梯开始下降[1]。这个小小的电梯间,灯光明亮,四面也都是亮晶晶的。他们一人靠着一边,中间空着,红色的地毯[2]很干净。那男人低着头,虞汀看着电梯里面的顶灯[3]。她忽然感到特别想说话,想听男人说点儿什么。可是男人只是低着头望脚下的地毯。

虞汀问:"你在哪个部门?"他抬起头来,说:"政治研究室[4]。你呢?""党史办公室。我叫虞汀。你的大名[5]是……"男人说:"我的大名叫艾捷,小名[6]毛伢子[7]。"虞汀听完就笑了起来,这个男人真有意思!男人又说:"你的笑声很像我的一个女同学,真的。"虞汀说:"艾捷,我猜这个女同学一定和你有一点儿什么关系,要不大学毕业好几年了,怎么还记得她的笑声。"艾捷没有说话,只是叹¹了一口气。他在看电梯下降的楼层数字,"13—12—11—10—9","9",突然,电梯里的顶灯不亮了,电梯突然停住了。虞汀吃惊地叫了一声:"停电²了?"艾捷说:"停电了。""那我们走不出电梯了?""走不出去了。电梯不让我们去看雪,因为外面很冷。"虞汀说:"停电了,你还开玩笑?"艾捷说:"可是着急又有什么用?电梯不相信眼泪,你哭也没用。"虞汀说:"偏偏³这时候停电。"艾捷说:"应该说,偏偏一男一女在夜里乘电梯时停电,是不是?"虞汀不说话了,这男人不简单,一下子就明白了她的意思。她说:"艾捷,你打电话吧。""这电梯没有安电话。我们只能等了。"虞汀大喊起来:"等电来救⁴我们?""应该说我们没有死的危险,就是要多等一些

1 叹: sigh
2 电: electricity
3 偏偏: happen to
4 救: save, rescue

时间。""要是一夜都不来电呢?""上班总会来电的。"虞汀的心里很紧张,要是上班的时候来电,许多人看见他们从电梯里走出来,那可是天大的新闻了。她没有说话。电梯里很安静,虞汀感到很不舒服。她说:"就是因为你,我才乘这趟电梯的,我本来是想乘下一趟电梯的。让你一个人在电梯里,而我可以在停电后,从楼梯走下去。"艾捷说:"上帝[1]怕我孤独,让你来陪我,你说是不是?"虞汀"哼[2]"了一声,没说话。

在这黑黑的电梯间,只有一个男人和一个女人。而且,虞汀渐渐觉得空气在变凉[3]、变冷,没有电就没有暖气了。她说:"真倒霉[4]!"艾捷说:"别说话,你听,雪的声音,很远很远,又很近很

1 上帝: God
2 哼: hm (used to express disapproval)
3 凉: cool
4 倒霉: bad luck

e.g. 他想早点儿回宿舍休息,偏偏遇上停电,电梯停了,真倒霉。

近,沙沙……像春蚕在吃着桑叶,像春天的雨洒在绿色的枝叶上[1]。你听听。"

艾捷很有趣,说话像一个小孩子。

虞汀安静下来,细细地听起雪来。

"虞汀,听见了吗?"

"听见了,挺温柔的——其实雪落下来是没有声音的,是人的心有声音。"

艾捷显得很高兴,说:"我很感谢你,你能理解我。我妻子很不理解我,她不懂得什么是美。雪花太美了。我想起古人[2]所说的一段话,你想听吗?"

"想。"

"天公剪水,宇宙飘花,品之有四美焉:落地无声,静也;沾衣不染,洁也;高下平铺,匀也;洞窗辉映,明也。[3]……"

虞汀说:"雪真美啊!艾捷,你刚才

1 沙沙…洒在绿色的枝叶上: The sound of snowflakes is like silkworms eating mulberry leaves and the spring rain dripping on the green leaves. 沙沙: (onom.) rustle
2 古人: ancient people
3 天公剪水…明也: Heaven cuts water into snowflakes, like flowers fluttering in the universe. There are four beauties: falling on the ground is the beauty of tranquility; falling on the clothes is the beauty of purity; falling from high above is the beauty of evenness; falling on the window is the beauty of brightness.

"说起你的那个女同学,我猜她肯定不是你的妻子。"

"是的,我那个女同学在大学毕业之前得了白血病[1]……后来就死了……那是个很有才气[2]的女孩子,我们的关系很好。她笑起来特别好看,她的笑声也好听。后来,我大学毕业,参加了工作,结婚了。我妻子是我父亲同事[3]的女儿,我的婚姻是我们双方父母亲的意愿。我和我妻子根本不是一路人[4]。她抱怨[5]我总是一个副科长[6]!我想和她谈点什么别的,比如诗、画、音乐[7]……她说:这些都是文人[8]的东西,她不喜欢。我们总是吵架[9],谁也不能改变谁,就这样我们离婚[10]了。"

"真的离了?"

"离了,离了有两年了。"

不知道为什么虞汀觉得很高兴,她

1 白血病: leukemia
2 才气: literary talent
3 同事: colleague
4 一路人: people of the same kind
5 抱怨: complain
e.g.他经常抱怨老板给他的工资太少。
6 副科长: deputy section chief
7 音乐: music
8 文人: man of letters
9 吵架: quarrel
10 离婚: divorce

好像成了艾捷的那个大学的女同学。她问:"两年了,找到你喜欢的人了吗?"

"没有。整天在这座大楼里忙工作,到哪儿去找?"

艾捷从口袋里摸出香烟和打火机[1],说:"你不介意[2]的话,我想吸烟[3]。"

"别吸烟。吸烟对身体不好。"

"好吧。"

"不过,你可以用打火机看看几点钟了?"

艾捷点着打火机,借着火光看了看表,说:"现在是夜里一点。"他又举起打火机,朝虞汀照了照,说:"你的脸色很不好,你该休息一下。"他从口袋里掏[4]出一张报纸,拿给虞汀,说:"铺[5]在地上坐一坐吧,还不知道什么时候来电呢。"

虞汀接过报纸,铺在地上,靠着一

1 香烟和打火机: cigarette and lighter
2 介意: mind
e.g. 如果你不介意,我就把窗子打开了。
3 吸烟: smoke
4 掏: take out
5 铺: spread

边坐下了。暖气停了,真冷啊,虞汀感到全身都在发抖[1]。

"冷吗?我怎么倒觉得有些热,我把我的大衣给你穿吧。"

虞汀正想说"不必了",但黑暗[2]中一个东西飞了过来,是呢子大衣[3],大衣给她带来了温暖,有着男人的气息[4]。这个男人多么细心,多么懂得关心人呀,说话又有趣,他妻子真正是瞎眼[5]了,这样的人到哪里去找?

"虞汀,还冷吗?"

"不冷了。"

"这呢子大衣还是我那个女同学帮我选的。那天雪特别大,她把我带到商店里去,给我挑了这件呢子大衣,还坚持由她来付款[6]。她父母是工人,下面还有弟弟妹妹,每月家里寄给她的钱不

1 发抖: tremble
2 黑暗: darkness
3 呢子大衣: woolen overcoat
4 气息: smell, breath
5 瞎眼: blind
6 付款: pay

多。但她坚持要付款。以后，在她不注意的时候，我把钱夹在她的书里。她发现了，问我钱是不是我放的，我坚持说没有。她叹了口气，说：'你何必[1]呢。'我说钱真的不是我的，也许你自己什么时候夹在书里忘了。"说完，艾捷得意地笑了。

"这呢子大衣你一直穿着？"

"是的。"

"艾捷，你那个女朋友也算是个幸福的人了。"

"可惜，她不在了。"

"要是她还在，你一定会去找她吧？"

"当然。"

虞汀的心里又是一热，连她自己都不明白，她为什么会这样，她又不是他的那个女同学。

[1] 何必: there is no need

e.g. 时间还早，何必那么早就出发呢。

1 段子: joke; comic talk
2 一等美女: the most beautiful girls; 等: class, rank; 美女: beautiful woman
3 嫁: marry (a man) e.g. 她嫁给了一个小学老师。
4 欧洲人: Europeans
5 日本人: Japanese
6 台湾人、香港人、澳门人: Taiwanese, Hong Kong people and Macanese
7 发了大财的人: person who has made a large fortune
8 中外合资单位的高级华人: high ranking Chinese person in a Sino-foreign joint venture
9 地师级以上的干部: officials whose ranks are above those of the local government and divisions of the army

"艾捷，你真想吸烟，就吸一支吧。"
"不吸了，说话比吸烟好。"
"你说点儿有趣的事吧。或者，说说你要找个什么样的女朋友。你一定想找个什么美女吧？"
艾捷说："现在哪里还有美女？你听没听说过这样一个段子¹：'一等美女²嫁³美国人和欧洲人⁴，二等美女嫁日本人⁵；三等美女嫁台湾人、香港人、澳门人⁶；四等美女嫁发了大财的人⁷；五等美女嫁中外合资单位的高级华人⁸；六等美女嫁地师级以上的干部⁹，像我这样的副科级，没有人会看上的。"
虞汀大笑起来，说："我看你是个很不错的人，可能是你的条件太高，看不上别人吧。"
艾捷突然问虞汀："你有男朋友了吗？"

虞汀说："有了。"

"你男朋友一定……不错。"

"嗯。"

两个人都沉默[1]了。虞汀沉默是因她刚才说的假话[2]，为什么要说自己有男朋友了呢，奇怪！可能是因为自尊[3]，或者别的什么原因。她也说不清楚。艾捷沉默了，心里有了某种遗憾[4]，好好的一个女孩子，怎么就有了男朋友呢？他摸出了一支烟，点着了，狠狠地吸了一口。这时，他真的感到了冷，脱去了呢子大衣，身上只有两件毛衣，而温度已在零度[5]以下。虞汀问："艾捷，你冷吧？过来坐在一起吧，盖着这件呢子大衣，也许会暖和[6]一些。"

艾捷说："别……这样。一男一女挤在一起多不好，我没什么，你……一个

1 沉默: silent
2 假话: lie
3 自尊: self-esteem, self-respect
e.g. 她是一个自尊心很强的女孩。
4 遗憾: pity, regret
e.g. 很遗憾，我有工作，不能和你一起吃晚饭了。
5 零度: zero degree
6 暖和: warm

女孩子……我不冷……"

虞汀突然站起来,说:"都什么年代了,还这么封建¹。再说,都大半夜了,一男一女待在这电梯里,说也说不清楚了。还是让你的身体别生病吧,身体是最重要的。"她一把拉住艾捷的手,把艾捷拉到自己身边,然后坐下,把呢子大衣盖在两人身上。艾捷真的很冷,冷得全身发抖。"艾捷,还冷吗?""嗯……""你把……我……搂²紧吧,你会暖和一些。"艾捷不动。虞汀抓过他的手,放到自己的腰³上,说:"我冷,我冷,你搂着我吧。"

艾捷真的搂紧了虞汀,他的身上突然感到温暖。他把脸放在虞汀的头发上,他闻⁴到了一种清香。他问:"还冷吗?"

1 封建: feudal
2 搂: hold, embrace
3 腰: waist
4 闻: smell
e.g. 他一进屋就闻到了香味。

"还冷。你再搂紧一些。"

艾捷说:"我给你讲个故事吧。"

灯突然亮了。

艾捷一下子停住了。艾捷好像又高兴又遗憾,说:"电来啦!"

虞汀仿佛刚从梦中醒[1]过来,拿开艾捷的双手,站了起来。电梯的灯亮了,果然来电了。她的脸红红的,不好意思地说:"我们……怎么啦……你没做什么吧?"

艾捷说:"一切都挺好的,没发生什么。你不后悔[2]吧?"他一边说一边穿好了呢子大衣。

虞汀走到他的身边,紧紧地靠着他,说:"我不后悔。也没什么可悔的。"

艾捷低下头去,吻[3]了吻她的脸。

艾捷说:"凌晨五点了。"

1 醒: wake up
2 后悔: regret
e.g 他没接受这个工作,现在非常后悔。
3 吻: kiss

电梯很快在一楼停住了,电梯的门开了,他们走了出来。看门的是个老头子[1],他认识这楼里的每一个人。他说:"是你们?小艾,小虞!就你们两个!"那声音里充满了疑问[2]。

虞汀说:"就我们两个!"她说完,快乐地笑了起来。

艾捷调皮地[3]说:"老同志,早晨好呀!"

他们走出大楼,雪还在下着。市委院子的外面是市里最大的广场[4],非常寂静[5],没有一点儿声音。他们没有商量,就朝着大院外面走去。他们想去打雪仗、堆雪人,或者在风天雪地里走一走。好久没这么快乐了。上班之后,市委大院也许会有他和她的风言风语[6],那又怎么样?他们找到了

[1] 老头子: old man
[2] 疑问: question, doubt
[3] 调皮地: naughtily
[4] 广场: square
[5] 寂静: quiet
[6] 风言风语: slanderous gossip

纯洁[1]的爱情。

他们来到了广场,到处都是白雪,到处都很寂静。广场的西北角有几棵梅花树,他们好像闻到了梅花香。在这冰天雪地里,梅花开了,春天快要来了。

艾捷说:"这里的风景[2]真好!你看天与云、与山、与水,到处都是一片雪白!"

艾捷一边朗诵[3]着一首诗,一边和虞汀朝着广场的雪地走去,远处飘来了梅花的清香[4]。

1 纯洁: pure
e.g. 白雪象征着他们纯洁的爱情。
2 风景: scenery
3 朗诵: recite
4 清香: fragrance; scent of flowers

This story has been abridged according to Nie Xinsen's short story, 风雪夜归人, which was published in *Short Story Selection of 1999 in China* (1999年中国短篇小说精选), edited by the Creation and Study Section of the China Writers Association (中国作协创研部), Changjiang Literature and Art Publishing House (长江文艺出版社), Wuhan, 2000.

About the author Nie Xinsen (聂鑫森):

Nie Xinsen is a member of the China Writers Association and vice-chairman of the Hunan Writers Association. He was born in 1948, in Xiangtan (湘潭), Hunan Province (湖南省). He is a graduate of the Lu Xun Literature Academy and the Writers' program of Peking University. Currently, he works at *Zhuzhou Daily* (株洲日报). He has published the novels 夫人党 (*Fūrén Dǎng*), 浪漫人生 (*Làngmàn Rénshēng*), 霜天梅影 (*Shuāng Tiān Méi Yǐng*), and 诗鬼画神 (*Shī Guǐ Huà Shén*), many novellas, and the short story collections, 诱惑 (*Yòuhuò*), 都市江湖 (*Dūshì Jiānghú*), 优雅的存在 (*Yōuyǎ De Cúnzài*), and 镖头杨三 (*Biāotóu Yáng Sān*) in English and other languages. His combined published works contain over ten million words. He has won many prizes, such as the Zhuang Zhongwen Literature Prize (庄重文文学奖), the Hunan Literature Prize (湖南文学奖), the Beijing Literature Prize (北京文学奖), the Baihua Prize (小说月报百花奖), etc. Some of his works have been translated into English, French, Japanese, Russian, etc.

思考题:

1. 虞汀在哪儿工作？她的感情生活怎么样？
2. 虞汀和艾捷是怎么认识的？
3. 艾捷为什么和他的妻子离婚？
4. 虞汀和艾捷喜欢什么？为什么？
5. 雪和梅花在这个故事中象征着什么？

六、一看就是个新警察[1]

原著：陈世旭

[1] 警察: policeman

六、一看就是个新警察

Guide to reading:

Liu Guobao (刘国宝) is a policeman. He is a man of integrity whose spirit does not yield before all the difficulties and troubles he meets with in his work. He does not care about promotions and forming beneficial relationships with higher officials. What he cares about is executing his duties as a policeman. He dares to fine Bureau Chief Chang (常局长), the head of the district administrative bureau in the city, for disobeying the traffic rules. After he does this, he is transferred to a police station which is responsible for the disabled population. This district has many difficult problems, and no policeman wishes to work there. However, Liu Guobao devotes himself to serving those who need the most care from society. He works enthusiastically for these people, repairing their houses, cleaning the surrounding neighborhood, applying for business licenses for them, etc. What Liu Guobao does brings them hope and wins him their trust. There are other honest and upright characters in the story, such as Yang Caiyun (杨彩云) who is Liu's wife, and Wu Zhiliang (吴志良) and Xiong Pang Tou (熊胖头) who are Liu's classmates. Throughout the story, they try their best to support Liu

Guobao and act as balance to the corrupt officials like Bureau Chief Chang and the ugly social phenomena that occur in society. This story shows that, like Liu Guobao, the majority of people are honest and sincere. It is these people who make life beautiful and better for all others.

故事正文：

一

刘国宝是一个警察。一天早上区城管局[1]的常局长[2]坐的汽车违反交通规则[3]，他给常局长的司机开了一张罚款单[4]。常局长的司机不接受罚款，对刘国宝说："你去找我们的常局长，你把罚款单给常局长吧！"刘国宝给常局长打了几次电话，常局长始终不谈罚款的事。刘国宝只好来找常局长，把罚款单交给他。

下午快三点了，常局长还没有来上班。听说常局长中午请省[5]里来的记者们吃饭。刘国宝知道常局长肯定在喝酒，不会来上班，他就找到了常局长吃饭的酒楼。常局长的包房[6]

---

[1] 区城管局：administrative bureau of a city district
[2] 常局长：head of the administrative bureau of a city district；常：Chang, a surname
[3] 违反交通规则：violate traffic regulations
[4] 罚款单：ticket (a notice regarding traffic violations)
  e.g. 这个月他收到了两张罚款单。
[5] 省：province
[6] 包房：a separate room in a restaurant

是一个套间[1]。刘国宝走进包房的时候，里面正热闹呢。常局长和记者们在里面的房间吃饭，刘国宝就在外面房间的沙发上坐下来，等着酒席[2]结束。常局长坐的是正席[3]，正对着门。刘国宝进来的时候，他们互相都看见了。但常局长根本不理会[4]他，继续和其他人喝酒。在酒桌上，常局长刚跟省里来的女记者喝了几杯酒，拿湿毛巾[5]擦了擦嘴，然后说，给你们讲个笑话吧：

有一个刚参加工作的新警察，星期天去看电影。他穿着一身警服[6]来到电影院。电影院正在放一个新电影，买票的人很多，他就排队[7]等着买票。他站在后面排队。他听见一个人说，一看这就是个新警察，老警察哪有排队买票的！这小子怕人家说他不老练[8]，

1 套间: suite
2 酒席: feast, banquet
3 正席: seat for an important person
4 理会: heed
5 湿毛巾: wet towel
6 警服: police uniform
7 排队: queue
8 老练: sophisticated
e.g. 这个公司的经理很老练。

他就不排队了,直接来到售票窗口[1]买票;里面卖票的人说,一看就是个新警察,老警察哪有买票的!他一听说老警察可以不买票,就走进了电影院。进了电影院里面,找到一个空位,他问空位旁边的人,空位上是不是有人,那人说,一看就是个新警察,老警察哪有找位子的,想坐哪儿就坐哪儿!他就挑了一个空位坐下来。他旁边的一个人说,一看就是个新警察,老警察哪有坐在楼下看电影的,老警察都是坐在包厢[2]里看电影!然后,他就去楼上的包厢了。走进一间包厢,看见座位上一个胖男人正搂[3]着一个姑娘乱闹,他冲上去,朝那个胖男人脸上打了一拳[4]。那个姑娘笑起来,说,一看就是个新警察,连自己的局长都不认识。

1 售票窗口: window of a ticket room
2 包厢: box (in a cinema)
3 搂: hold, embrace
4 拳: fist

常局长讲完后,满桌的人都大笑起来,大家说:"讲得好,要奖赏[1]!"

常局长说:"奖赏?怎么奖赏啊?不能老是小杯大杯地喝酒吧。"

有一个女记者叫玫子,她说:"那常局长说怎么奖赏,总不至于让我们上床吧。"玫子是省电视台的一个节目负责人[2],另外两个女记者是刚刚到那个栏目[3]工作的女大学生。

常局长说:"上床倒不必,我很讲文明。你们记者经历的事情多,还用我教吗?"

玫子说:"行,那常局长得听我们的。我们三个人同时给你敬酒[4],你一次喝三杯。"

常局长说:"这叫'奖赏'吗?这明明是罚酒[5]!"常局长很清醒。

1 奖赏: award, reward
2 负责人: person who is in charge of...
  e.g. 他是这家酒店的负责人。
3 栏目: column
4 敬酒: toast
  e.g. 在酒席上,他在给大家敬酒。
5 罚酒: be made to drink as a forfeit

玫子说："你别急啊！"

玫子和两位女大学生走到常局长面前，两位女大学生一人一边坐到常局长的大腿上，搂住常局长的脖子[1]，玫子自己正面对着常局长，然后三只小酒杯同时放在常局长的嘴边儿。常局长一张嘴，三杯酒一下子都倒进到他的嘴里。

玫子站直了身子，说："常局长，你说这是奖赏还是罚酒？"

常局长连忙说："是奖赏，是奖赏！真厉害[2]，女人比男人更厉害！"

刘国宝知道常局长讲的那个新警察的段子[3]是给他听的。常局长说的是一个老段子，早不新鲜了。他对这样的段子没有兴趣，他听了这个段子也不想笑。他只是等着把罚款单交给常局长。

常局长和这些喝酒的人终于走出来了，

1 脖子: neck

2 厉害: fierce, harsh
   e.g. 他看上去很厉害，很多孩子都有点儿怕他。

3 段子: joke; comic talk

刘国宝立刻站起来。常局长故意问：
"你是什么时候来的？一看就是个新警察！
老警察到了吃饭的地方哪有不上桌的。"
刘国宝看着常局长。等大家笑完了，他把那张罚款单拿到常局长面前。
常局长说："一看就是个新警察，老警察怎么会在这种时候送文件[1]？"
刘国宝说："不是文件，是罚款单。"
常局长说："罚款？罚我的款？"
常局长没有接罚款单，一边走，一边说："你还真是个新警察。"
跟常局长一起喝酒的人又大笑起来。
刘国宝说："我还会去找你的。"

二

常局长说刘国宝是一个新警察，其实他不是新警察。他当警察都快十年了。和他一起毕业的同学吴志良早就当上领导了,可是他还是个普通警察。吴志良总是说他办事太死板¹,让他改一改他的性格。

刘国宝和吴志良都是学中文的。刘国宝喜欢写诗,他的诗还上了报纸,吴志良一直很羡慕²。他们是好朋友。他们觉得警察的工作既神秘又浪漫³,很想当警察。就这样他们一起参加了警察的考试。当了警察以后才知道,职业⁴就是职业,实际不像电影里那么有趣。跟其他职业一样,警察的职业也不像他们想象的那么神秘和浪漫,更多的是一些普通的工作。开始他们是交警⁵。吴志良手势⁶特别漂亮,路上常常有人停下来,看他的手势。因为他的手势漂亮,他被调⁷到离市委和市政府⁸最近

1 死板: inflexible
2 羡慕: envy, admire
e.g. 他踢足球踢得好,大家很羡慕他。
3 既神秘又浪漫: both mysterious and romantic; 既…又…: both ... and ...
e.g. 她既喜欢唱歌又喜欢跳舞。
4 职业: occupation, profession
5 交警: traffic police
6 手势: gesture
7 调: transfer
e.g. 他现在已经调到市政府工作了。
8 市委和市政府: municipal Party committee and municipal government

的那个十字路口,这里是交警工作的一个很重要的路口。他不仅手势漂亮,对人也很客气。他做完手势之后,就是一个敬礼[1],表示感谢。他很快记住了市、区领导和局长们车子的号码,只要领导的车子经过,他都要敬礼。不管是晴天,还是下雨,他始终认真工作。

刘国宝跟吴志良不一样。他对违反交通规则的人和汽车,该罚款的罚款,该收驾照[2]的收驾照,说话一句是一句,把意思说清楚就不说话了,等着这些人拿驾照和交罚款。他是一个不怕得罪[3]人的警察。有一个不怕得罪人的警察,领导也高兴,总是把他安排到麻烦多的地方工作。前不久他被安排到市委和市政府后面的一条街。这条街人多、车多,尤其上下班的时候经常堵车[4],工作很

1 敬礼: salute
2 驾照: driving license
    e.g. 真倒霉,他把驾照弄丢了。
3 得罪: offend
    e.g. 他说话经常得罪人,所以他的朋友很少。
4 堵车: be traffic-jammed
    e.g. 每天这个时候都堵车,真是没办法。

不好做。这里实行单行道¹,可是单行道也不行。在这条街上,有一辆小车天天逆行²,别的车见了也就跟着逆行。以前别的警察都不管,可是刘国宝来这里上班的第一天就让那辆车子停下,不让它逆行。

司机对刘国宝说:"新来的吧,让开!"

刘国宝说:"请交出你的驾照。"

正是上班高峰时间³,一下子就堵了一大排的车,小车后座的一个人推开车门下了车,对司机说,我们走路去上班吧,把驾照和车子都给他!

司机也下了车,车钥匙⁴也没拿,就走了。

刘国宝把那辆车子开到路边锁⁵好。

这时,吴志良来了。

1 单行道: one-way road or street
2 逆行: go in a direction that is not allowed by traffic regulations
3 高峰时间: rush hour
4 车钥匙: car key
5 锁: lock

e.g. 你离开家的时候,一定记住把门锁好。

吴志良对刘国宝说："你为什么扣[1]人家车啊？"吴志良气得脸色发白。

"我没有扣车，是他们自己留下的。"

"你不知道这是谁的车吗？"

"知道。"

"你知道还不让他过去？"

"因为他违反交通规则了。"

吴志良看看四周的人围得越来越多，又不好把话说明白，只好说："行了，快把车给常局长送回去。"

刘国宝说："我不可能把车送回去。"

"那你把车钥匙给我，快点儿。"吴志良不好当众[2]发脾气[3]，只好对刘国宝低声说。

车是常局长的。他家的院子离他的办公室只隔[4]着一条小路，如果走路到办公室最多五分钟。如果坐车不走这条单行道，

1 扣：detain
e.g. 她的车违反了交通规则，被警察扣住了。

2 当众：before a crowd

3 发脾气：lose one's temper
e.g. 因为警察说要扣她的车，她正跟警察发脾气呢。

4 隔：be separated by
e.g. 宿舍楼和教学楼之间隔着个操场。

就得绕行[1]，就要十几分钟。常局长
又想坐车，又不想绕行，那就只有在
这条单行道上逆行。以前这里的交警[2]
都知道常局长的车天天逆行，都不管，
可是刘国宝来到这里，就不让常局长的车
逆行。谁都知道常局长以前是区委[3]王
书记[4]的秘书[5]，他跟王书记的关系特别
好，大家都不敢得罪常局长。可是刘国宝
觉得这跟警察维持交通秩序[6]没有关系，
谁都不能违反交通规则，局长也不行。
吴志良把车子给常局长送回去的
时候，常局长问："新来的那个交警叫
什么名字啊？"
"刘国宝。"吴志良回答。
"牛活宝[7]？这名字好！"常局长
说完，大笑起来。
"这人其实是不错的，就是有点儿

1. 绕行: make a detour
   e.g. 警察说："这里是单行道，你们想去公园请绕行。"
2. 交警: traffic police
3. 区委: district Party committee
4. 书记: secretary
5. 秘书: secretary
6. 维持交通秩序: maintain traffic order
7. 牛活宝: a pun, a homophone of Liu Guobao (刘国宝), Bureau Chief Chang uses the pun to mock Liu Guobao like a clown.

牛脾气[1]。"吴志良笑着说。

虽然刘国宝把车钥匙交给了吴志良,吴志良又把车交给了常局长,但是刘国宝坚持要常局长交罚款。他做事非常认真,在办公室找不到常局长,就跑到酒楼去找常局长罚款,当时在酒桌上的一个男记者觉得这件事很有新闻价值,另外他对常局长和几个女记者的作为很讨厌,就写了一篇文章在报纸上发表[2]了。报纸出来的第二天,区委王书记先给常局长打了电话,问他的罚款交了没有,没有交马上去交!然后给吴志良打电话,让吴志良来他的办公室谈谈刘国宝的情况。

听完汇报,王书记问吴志良:"刘国宝同志当了多少年的交警了?"

吴志良说:"快十年了,我们是

---

1 牛脾气: stubbornness
2 发表: publish
e.g. 他在报纸上发表了很多文章。

一块儿当上警察的。"

"你都是分局长[1]了,他还是一个普通交警?"王书记说。

"是啊,我在许多方面其实不如他。"

吴志良真心希望刘国宝能被提升[2]。

王书记说:"你回去问一下他自己的意见,我想给他换个工作,上次你们不是说城门社区派出所[3]没有副所长[4]吗,让他去派出所当副所长吧。"

三

城门社区有一个福利厂[5]小区[6]。福利厂小区的条件特别差。这个福利厂有一二百个工人。这些职工[7]都是聋哑人、盲人和身体有残疾的人[8]。福利厂破产[9]了,破产之后职工们有很多生活困难。福利厂周围的环境经过几年的改造[10],

1 分局长: head of a sub-bureau
2 提升: promote
e.g. 他进步很快,已经被提升为局长了。
3 城门社区派出所: Chengmen Community Police Station; 派出所: local police station
4 副所长: deputy chief of a police station
5 福利厂: welfare factory
6 小区: housing estate
7 职工: workers and staff
8 聋哑人、盲人和身体有残疾的人: the deaf and mute, the blind and the disabled
9 破产: go bankrupt
10 改造: reconstruct

已经非常漂亮了。这里还盖了花园洋房、欧式别墅[1]，成为一个非常漂亮的社区。可是福利厂小区因为残疾人的工作难做，小区的环境一直没有改造。这里是城门社区最困难的地方。

城门社区派出所所长叫李大河。他接过刘国宝的介绍信，笑了起来，对他说："怎么把你派到这个倒霉[2]地方来了？你被提升到这种地方，还不如不提升呢，这里的工作难做啊。你先不着急工作，这几天你先走一走，看一看，了解一下这里的情况，决定在这里工作了就告诉我，我会听你的。只是你不必太认真。"李大河说话粗声粗气[3]，随随便便，一看就是一个不认真做事的警察。

刘国宝第三天就来找李大河，说想在福利厂小区设立[4]一个警务室[5]。

1 花园洋房、欧式别墅：foreign-style house with a garden, European-style villa
2 倒霉：have bad luck
3 粗声粗气：deep and gruff voice
4 设立：set up
e.g. 他们在这个小区设立了一个文化活动室。
5 警务室：police office

"设警务室？在福利厂？我没有搞错吧？那个地方，谁都不想去，你还想去那里工作？"李大河不理解刘国宝为什么这样做。

"那里应该有个警务室。"刘国宝说。

"你是可怜那些人，对吧？这样的人可多了，你可怜得过来吗？在那里设立警务室，谁去啊？"李大河说。

"我去。"

"你去？你是副所长，副所长去？"

"我去。"刘国宝说得很肯定。

福利厂破产后，留了几间房子和几个人在这里留守[1]，但都不在这里住，白天也很少来，房子差不多都空着，办公桌和椅子都坏了，上面都是灰尘[2]。刘国宝找到几个留守的人，跟他们说在这里设立一个警务室。他们同意了。这样这

[1] 留守: stay behind to take care of things
[2] 灰尘: dust

几间房子就成了警务室。刘国宝把几间房子打扫¹了一遍，房间的墙和墙角都发黑了，但这些不能修补，因为没有钱。但是门窗桌椅都用水洗得干干净净。外面的几个房间是连在一起的，作为文化活动室²，最里面的一间房子条件不好，就做了警务室。刘国宝在警务室外面的墙上贴上一张纸，上面写着：

来访的人必须接待³，有困难必须帮忙解决。让小区所有的人都满意。

刘国宝在上面还写了他的手机⁴号码，并且24小时开机。

这些字是用几种颜色写的，花花绿绿，使这里一下子有了生气。

刘国宝在忙着做这些事情的时候，门口经常有人看他，然后又在一起谈着

---

1 打扫: sweep
e.g. 房间里的灰尘很多，他每天都要打扫一遍。
2 活动室: room for doing activities
3 接待: receive
4 手机: cell phone
e.g. 他想给她打电话，可是忘了她的手机号码。

什么。刘国宝看见人越来越多，就停下来，走出门去，对几个年纪大的人说："你们要不要进来坐坐，喝口水？"没想到那些看不见的、听不见的、说不出话的、没有胳膊[1]或没有腿的残疾人看着他什么也不说，只是站在那儿，然后互相帮助着，慢慢地走开了。

后来刘国宝才知道，他们不相信他。

春节前，省里的领导来慰问[2]困难群众[3]，省里的朱厅长[4]带了一些人来到这里。听说朱厅长是多年的老厅长了，这次提升为副省长[5]是很自然的事。朱厅长自己也觉得差不多能提升。这次下来，他要到最困难的地方去。他认真地对市里的领导说要到最困难的地方去慰问。然后市区领导就带着朱厅长来到了最困难的福利厂小区。

1 胳膊: arm
2 慰问: express sympathy and solicitude
3 群众: mass
4 朱厅长: Director General Zhu; 厅长: head of a department under a provincial government; 朱: Zhu, a surname
5 副省长: vice governor of a province

那次，福利厂小区来了很多车，很多人。有省里的小车，有市里的小车，加上很多新闻记者的车，各种车加起来有几十辆，停了长长一条街。人们从车上下来，使小区的路显得非常挤。

慰问品衣服、被子[1]、钱等都已经准备好了，给谁不给谁也都已经决定好了，只要按照名单[2]一家家送去就行了。

有的家庭特别困难，很可怜。朱厅长显得非常关心这些困难群众，人们跟在后面也不说话。忽然他被领进了一个很新的院子，房子看上去很新，院子里的花草和树木也很漂亮。这是以前福利厂厂长[3]的房子。有一次福利厂发生大火，因为厂长带头救火[4]，被烧伤了，成了英模[5]，每年领导们都来慰问他。福利厂破产以后他开始做生意[6]，现在一

1 被子: quilt
2 名单: list of names
3 厂长: head of a factory
4 救火: fight a fire
5 英模: heroes and model workers
6 生意: business
e.g. 他今天的生意不好，没挣到钱。

座三层的楼房刚刚盖好,房间又大又亮,非常漂亮。这座新楼的周围是其他残疾人的房子,又低又矮,非常破旧。跟其他的残疾人比,这位厂长的钱太多了。领导慰问的几百块钱对他来说不算什么,他家里的任何一件装饰品[1]都很贵,几百块钱是根本买不到的。为了欢迎朱厅长和来慰问的人,他还在院子中放鞭炮[2],鞭炮响了半个钟头[3]。朱厅长对这位残疾福利厂厂长说:"你的身体有残疾,但是干得很好!"但说完他心里感觉有点儿不对,于是一出门就说:"我自己走一家吧。"民政部准备慰问的钱和东西已经发完了,几个市区领导刚要说话,朱厅长边走边说:"你们不必担心,我自己的事自己安排。他来到路边一个很破旧的房子前,房门很

1 装饰品: ornaments
2 放鞭炮: set off firecrackers
e.g.过春节了,小孩子们都喜欢放鞭炮。
3 钟头: hour

矮,他低着头走进屋。朱厅长闻到一股难闻的气味。一间十几平米的土房,墙是黑的。一边是用砖堆的炉灶[1],上面放着一口破旧的铁锅[2],另一边有一个女人躺在地铺[3]上,身上盖着一床破旧的被子。女人的脸色蜡黄[4],眼睛看着房顶。这家的男主人老陶在炉灶前烧火,听见有人进屋也不回头看。

王书记说了一声:"省里的领导来看你们了。"

老陶这才转过脸,拿起地上的拐杖[5],慢慢地站起来。

"贵姓啊?"朱厅长问。

"姓陶。"

"这位是你妻子?"

"算是吧。"

"病了?"

1 炉灶: stove
2 铁锅: iron pot
3 地 铺: makeshift bed on the floor
4 蜡黄: sallow
5 拐杖: crutch

"中风¹。"

老陶脸上没有任何表情。朱厅长的眼睛红了，从衣服里面的口袋里掏出钱给老陶，说："你先买一张床，一套新被子。其他的问题慢慢解决。以后你随时可以来找我。"

朱厅长说完又拿出了自己的名片²，给老陶，告诉他哪是电话号码，哪是电子信箱³。

老陶抬起头，说："这钱你收回去。我的两只手还是好的，我不想接受这些钱，也不会打电话到省城去麻烦领导，只想请领导现在就说句话，让这两只手有个挣钱⁴吃饭的地方，让我摆一个摊子⁵挣点钱，能过日子就行了。"

朱厅长说："钱你还是拿着，有什么要求尽管说。"

1 中风: suffer a stroke
2 名片: name card
3 电子信箱: email
e.g. 他喜欢通过电子信箱和朋友们联系。
4 挣钱: make money
5 摊子: booth; vendor's stand
e.g. 他摆了一个修自行车的摊子。

朱厅长旁边的一个人介绍了老陶的情况：老陶在年轻的时候是一个很能干的工人，获得过省里一次技术比赛的一等奖[1]，后来在一次车祸[2]中，失去一条腿，变成了残疾人，就来到了福利厂工作，跟一个有病的女人结了婚。福利厂破产了，他会修钟表[3]，就在街上摆摊子修钟表，日子还过得下去。没想到政府[4]要建文明花园城市，有几条路不让摆摊子了。他觉得自己是残疾人，应该得到政府的特殊[5]照顾。但城管人员一点儿也不照顾，就是不让他摆摊子。有一次，他非常生气，拿起拐杖打了城管人员，把离他最近的一个城管人员打得满脸是血[6]。

朱厅长听完，对围在他身边的市里的领导说："给老陶再找个合适的地方，

1 一等奖: first prize
2 车祸: traffic accident
3 修钟表: repair clocks and watches
4 政府: government
5 特殊: special
6 血: blood

让老陶摆个摊子,这应该不难办的吧?"

"不难不难,我们马上办。"市里的领导赶紧回答。

"不用省里下次派人来查吧?"朱厅长又问了一句。

"不用不用,请您放心。我们工作没有做好,已经很对不起领导了……"

"你看你看,你们的问题就在这里:你们不是为领导做事,而是为群众做事!事情没有做好,不是对不起领导,而是对不起群众!"

朱厅长这一次的表现确实感动了许多人。但是春节之后,他并没有像人们说的那样提升为副省长。他那次慰问说的话也就等于没说,市里的领导们什么困难都没解决。

今天见到刘国宝穿着警服在这里

忙，这些残疾人在心里不相信刘国宝是为他们做事的人，是能帮他们解决困难的人。

晚上回家，妻子问他："怎么了啊，提升了还不高兴啊。"刘国宝的妻子叫杨彩云，在中学当班主任[1]。杨彩云的性格跟刘国宝不一样。她对刘国宝有点儿像对待班上的学生，看他不高兴，就关心地问他有什么心事。

"没怎么。"刘国宝说。

警务室已经设立了，刘国宝开始打扫小区的进口[2]。小区的公共厕所[3]和垃圾堆[4]都在这个进口上，垃圾已经堆得很高；厕所没人管，又脏又臭[5]。朱厅长那次来，很生气，也很痛心：有这样的居民小区存在的城市怎么能叫文明花园城市！

1 班主任: teacher in charge of a class
2 进口: entrance
3 公共厕所: public toilet
4 垃圾堆: garbage heap; 垃圾: garbage
5 又脏又臭: dirty and smelly

朱厅长立刻要求社区领导赶紧解决这个问题。社区领导当时答应解决，可是解决问题需要钱，谁来给这笔钱呢？最后还是不了了之。后来刘国宝决定自己来打扫，杨彩云表示支持，她准备带学生一起来打扫。

刘国宝一早就来了，先打扫了一块地方。然后杨彩云带着班上的学生来了。杨彩云让学生们参加这个志愿者[1]活动，学生们也都很高兴。可是到了福利厂小区的进口，这些娇生惯养[2]的独生子女[3]就惊呆[4]了。他们从来没有干过这些脏活[5]。

"怎么样，你们干这些活儿，行吗？"杨彩云问。

"行……"学生们回答了一声，他们再也高兴不起来了。

1 志愿者: volunteer
e.g. 现在有很多教汉语的志愿者在世界各地工作。

2 娇生惯养: be spoiled
e.g. 这些娇生惯养的孩子生活能力很差。

3 独生子女: the only child
e.g. 这些独生子女从小被爸爸妈妈爷爷奶奶姥姥姥爷宠爱。

4 惊呆: stunned, astonished

5 脏活: dirty work

几个人拉一个板车[1],先把板车装满垃圾,再拉走。可是学生们回来的时候,人一下子多了起来。路上有的学生拿手机给家里打了电话。家长[2]们赶来对刘国宝和杨彩云说:"杨老师我们很尊敬[3]你,你怎么能让我们的孩子干这样的脏活呢?你爱人是警察,警察怎么能让孩子做这样的事呢?"

"对不起,对不起,"刘国宝努力地笑着,"请原谅[4]我们。同学们请回吧,请回!"学生和家长们都走了。

杨彩云脸色发白,说不出话,眼睛里充满了眼泪。

刘国宝对她说:"要不你也带儿子回去吧,我再想别的办法。"

"你有什么办法?"杨彩云说完,又继续干了起来。

1 板车: handcart
2 家长: parents
3 尊敬: respect
e.g. 他很尊敬他的小学老师。
4 原谅: forgive
e.g. 我有事来晚了,请大家原谅。

刘国宝对儿子说:"我和你妈不走,你走不走?"

刘国宝的儿子上小学二年级,儿子摇摇头,也不走。

刘国宝和妻子、儿子继续干活。他们把板车装满垃圾,然后他在前面拉车,妻子和儿子在后面推,把垃圾拉走。刘国宝心里感到有些难过[1],觉得对不起妻子和儿子。

一个多小时后,他们回来时,一下子惊呆了:垃圾堆周围有很多人。福利厂小区那些手能动的、脚能走的、眼睛能看见的残疾人几乎都来了。就是看不见的人也提着水壶[2],等在一边。学生们丢下的板车都已装满,也都有了拉车的和推车的人。见到刘国宝一家人回来,他们一起喊了一声:"刘警官[3]!"

1 难过: sad
2 水壶: water bottle
3 警官: police officer

四

中午过后,区里的王书记听到了消息,派了两辆大卡车[1]把垃圾全部运走了。然后,又让消防队员[2]用水把地面和厕所清洗得干干净净。这样公共厕所和垃圾的问题就解决了。

王书记打电话表扬[3]了刘国宝的工作,说刘国宝的工作做得好,说福利厂小区条件比较差,以后遇到什么困难可以找区委和区政府帮助,也可以直接找他。

刘国宝接王书记电话的时候,警务室里已经坐满了人。大家亲切地叫他"刘警官"。

刘国宝说:"我一直打算给大家开个会,现在大家来了,正好。我想知道的是大家最想让我做哪些事。"刘国宝说完,看着大家,等他们说话,他们却

1 卡车: truck
2 消防队员: firefighter
3 表扬: praise
    e.g. 这位妈妈经常表扬她的孩子。

忽然不说话了。

过了很久,盲人老周说,以前的厂长的家里养的那条大狗夜里总是叫,晚上睡不好觉,能不能管一管啊?

哑巴[1]贵生用手势说,小区没有门牌号[2],没办法收信。

接下来几个人说的也都是一些不重要的小事。

刘国宝一边记一边心里想:他在小区转了这几天,记下了很多重要的事情他们一件都没有提出来。比如,很多小区的房子都是几十年前的老房子,很破旧,还漏雨[3];整个小区没有一条水泥路[4];房子后面是一条深沟[5],盲人要是没人领着一不小心就会掉下去,很危险,老周就摔过一次,在床上躺了半年。哑巴贵生的女儿学习很好,就要考

1 哑巴: mute
2 门牌号: house number
3 漏雨: leak rain water
4 水泥路: cement road
5 沟: ditch

大学了,他关心门牌号,是担心将来收不到女儿的大学录取通知书[1]。他家里没有钱,他却不提女儿上大学没有钱的问题。还有老陶,为了找个修钟表的摊位,他经常去区政府、市政府找领导,可是到现在也没解决,他也没有提出摊位的问题。虽然这些人没有提这些困难,刘国宝还是决定先办几件最重要的事情——修房子、修路面、修一道墙挡住深沟等。然后他做了一个预算[2],交给王书记,王书记同意了。

刘国宝决定先修漏雨的房屋,因为这花不了多少钱。他父亲住在农村,他记得农村老家有一个砖瓦窑[3]。他父亲是村里的干部[4],他想跟父亲商量一下,给他一些砖瓦,等以后有钱了再还给他们。他决定回老家一趟。

1 录取通知书: admission notice
2 预算: budget
3 砖瓦窑: brick and tile kiln
4 干部: cadre

他回到农村,可是父亲说,砖瓦窑已经承包¹给他的同学熊胖头了,熊胖头在管砖瓦窑。从小学到中学,熊胖头都跟刘国宝在一个班学习,两个人学习都挺好,又都喜欢班上的杨彩云。后来刘国宝上了大学,杨彩云也考上了大学。而熊胖头考大学考了两年都没考上,就到外面打工²去了,后来自己做了包工头³。他在省城⁴开了一家建筑公司,一家装修⁵公司,一个家具店,挣了几千万。他经常开着宝马车⁶回农村老家,每次都带着个漂亮女人,但是他不结婚。他和刘国宝后来几乎没有联系。刘国宝知道,虽然熊胖头挣了很多钱,但是他没考上大学,又没有得到杨彩云,心里一直很痛苦。现在他不好意思问熊

1 承包: undertake a contract
e.g 他这些年承包了很多工程。
2 打工: work temporarily
e.g 每年一过完春节他就出来打工。
3 包工头: labor contractor
4 省城: provincial capital
5 装修: interior decoration
6 宝马车: BMW car

胖头，就让父亲帮他问问。父亲接通了省城熊胖头的电话，说了几句，把电话给刘国宝，让刘国宝自己跟他说。刘国宝把福利厂小区的情况跟他说了。熊胖头听完以后，说："我能做什么，你就说吧……不就是修漏雨的房屋吗？"

刘国宝说："我做了一个预算交给区政府了，要等批复[1]以后才能拿到钱，但修漏雨的房屋不能等，马上就要到雨季[2]了。"

熊胖头说："别等你们那个区政府批复了，我给你办就是了。不就几万块钱吗？我少请几次当官的[3]吃饭就有了。"

说完就挂断[4]了电话。刘国宝没想到熊胖头会答应得这么爽快[5]。

熊胖头在市里正好有个工程[6]，他

1 批复: give an official reply to a subordinate body
2 雨季: rainy season
3 当官的: officer, official
4 挂断: hang up
  e.g. 请别挂断电话，他马上就过来。
5 爽快: readily
6 工程: engineering project

从省城给这边的人打了电话。第二天,熊胖头就派工人用大卡车带着砖瓦水泥去福利厂小区了,让刘国宝安排修漏雨的房屋。

福利厂小区的人们自然很高兴。唯一的麻烦是老陶。他不让工人进屋修房子。老陶那个修钟表的摊位至今也没办成,非常气愤[1]。他说:"日子都没办法过了,修房子有什么用?"

当天这场雨特别大,从半夜一直下到天亮。这样的坏天气,老陶没办法出门,就待在家里。刘国宝领着一些工人站在门外的雨中,衣服都湿透了[2]。刘国宝对老陶说:"老陶,我知道你心里很痛苦。你要相信我,我会想办法帮你。你的钟表摊位一定会解决的。现在下大雨,你的屋子里漏雨,你先让我们给你修房子,

1 气愤: indignant, angry

2 湿透了: wet through
e.g. 下雨了,因为没带雨伞,他的衣服都湿透了。

嫂子¹有病,嫂子的身体受不了啊……"
刘国宝从来没有一口气说过这么多话。

屋里面老陶的妻子忽然叫了一声:
"你是个死人啊!"

刘国宝带着几个人马上进到屋里,他们先把老陶妻子的床搬到不漏雨的地方——那张床是刘国宝给他们找来的,新被褥是刘国宝从家里拿来的。上次朱厅长给的钱都给老陶妻子买药用光了。然后工人们开始修房子,刘国宝打扫屋子里的雨水。

中午给工人买盒饭²的时候,刘国宝多买了几盒留给老陶,说:"你没办法做饭,我会天天给你们送。"老陶坐在床边上,他的老婆³哭着。

不到半个月,刘国宝把几件事都办好了。小区进口的地方干干净净,

1 嫂子: a form of address for a person's wife

2 盒饭: box lunch
   e.g. 中午他在单位吃盒饭。

3 老婆: wife

中间铺上了水泥,周围种了树,垃圾堆变成了一个干净的小广场[1]。熊胖头派来的那些工人要走了,福利厂小区的人们放鞭炮,一是欢送[2]熊胖头派来的工人,二是庆祝[3]小区发生的变化,还有就是福利厂小区的人感谢刘国宝。福利厂小区的人到处说,刘国宝是观音菩萨的化身[4],菩萨今天变成了警察。

最早是老陶说的。那天刘国宝在他家里,他老婆觉得他们黑黑的房子里从没有那么亮过,她哭着告诉他,这个警察通身放光[5]。老陶开始不相信,但刘国宝留下盒饭出门的时候,他也突然看见了一道亮光。当时,雨很大,但老陶只见光,不见雨。

几个盲人坐在路边,只要有刘国宝走

1 广场: square
2 欢送: see off; send off
3 庆祝: celebrate
e.g. 大家在给他庆祝生日。
4 观音菩萨的化身: incarnation of Guan Yin Buddha
5 放光: send forth rays

过来,那些盲人马上就会起身打招呼[1]:"刘警官来了?"盲人老周更神奇[2],刘国宝在小区的什么地方,他在家里就能听得出来。

刘国宝到派出所里开会,大家叫他活菩萨[3],他不知道为什么,问:"这是什么意思?"

一天,吴志良来找刘国宝,说:"市里正在推选十大感动人物,[4]公安分局打算把你报上去。"

刘国宝说:"我没什么可以宣传[5]的!你不觉得这里的人们把我传说成活菩萨是因为他们的生存[6]要求太低了吗?"

五

公安分局把刘国宝的情况写得很认真,然后把他的材料报上去了,大家认为刘国宝肯定能评上市里的十大

---

1 招呼: greet
e.g. 他每次看到老师都热情地打招呼。

2 神奇: mystical and miraculous
e.g. 这故事很神奇。

3 活菩萨: living Buddha, here referring to a kind-hearted person

4 市里正在推选十大感动人物: the city is electing top ten figures who have done moving deeds

5 宣传: publicize

6 生存: subsist

感动人物。可是没想到,刘国宝没有被选上。

刘国宝为老陶摆钟表摊位的事,联系了好几个地方,但只要老陶的钟表摊子一出现,城管[1]就来找老陶的麻烦。刘国宝找城管,对他们说:"很多事情你们应该管却不管,为什么偏不放过老陶这样一个残疾人?"刘国宝一趟趟地为老陶的事找人,后来所长李大河也非常气愤。

李大河说:"去找他们的局长!"

"那只会更糟糕[2]。"刘国宝说。

"对了,你以前对常局长罚款,得罪了常局长,不好跟他说。我去找他!"李大河说。

李大河找到常局长。常局长说:"我们都是执法单位[3],老陶打伤了城管

1 城管: a person who is in charge of city management
2 糟糕: terrible
e.g. 这里的环境很糟糕,已经有很多人都搬家了。
3 执法单位: law enforcement agency

的人，难道我们继续纵容他吗？"

李大河还是没把事情办好，回来之后，气愤地说："常局长是个王八蛋[1]！"

刘国宝低着头，坐了好久，忽然站起来。他想起以前去找熊胖头时，熊胖头谈过的关于常局长的事。

刘国宝去过一趟省城找熊胖头。见了面，刘国宝感谢熊胖头为福利厂小区的人修房屋的事出钱出力。熊胖头说："不用谢，我帮你，你帮谁？我只是不明白你怎么去派出所了，是为了当副所长吗？"刘国宝告诉他，他去当副所长是因为常局长违反交通规则，他罚了常局长的款。现在常局长总是找他的麻烦。熊胖头听完，冷笑道："他啊。"

熊胖头讲了常局长的一些事情：熊胖头在市里包下了一个工程，

---

[1] 王八蛋：(curse) bastard; son of a bitch

城管经常去找麻烦,他经常被罚款。有一次,熊胖头听说常局长到省城开会,就让省电视台的玫子带上几个女大学生去请常局长吃饭。玫子那个节目主要是靠广告挣钱,熊胖头经常在玫子那里做广告,成了玫子的重点客户[1]。熊胖头这样做,一举两得[2]:既给玫子介绍了新客户,又让常局长玩得高兴。常局长刚见到熊胖头,脸上的表情一点儿也不热情,等一见到玫子她们,马上就高兴起来。常局长和玫子一些人吃完饭,又去唱歌,一直玩到半夜。熊胖头让常局长上了自己的宝马车。常局长醉了,可是还想玩儿,说:"兄弟[3],今天晚上就没有其他的安排了?"熊胖头说:"常局长你醉[4]了,我请你去洗澡[5],醒醒酒[6]。"然后就开着

1 客户: client
2 一举两得: kill two birds with one stone
3 兄弟: brother (form of address for a man younger than oneself)
4 醉: drunk
5 洗澡: bathe
6 醒醒酒: sober up from being drunk

车子去了洗浴中心[1]。常局长进去,熊胖头回到车上等着,结账[2]的时候才知道,常局长一次要了两个女人。以后常局长每次来省城,熊胖头都是这样接待的。后来,熊胖头在市里的那个工程也就再也没有城管来找麻烦了。

刘国宝当时听完什么也没说。熊胖头说:"这种事情大家都知道,可是谁愿意去管这种事情,去找这个麻烦呢?"

现在,刘国宝想起这些事,为了老陶摆摊儿的事,就要找一找常局长的麻烦了。

刘国宝给省城的熊胖头打电话,说:"我想给那位姓常的朋友找点儿麻烦,你能帮忙吗?"熊胖头在那边没说话,就把电话挂断了。刘国宝

1 洗浴中心: bath house
2 结账: pay a bill
  e.g. 吃完饭以后,请找服务小姐结账。

知道，熊胖头答应了。

那天常局长正在一家星级宾馆[1]玩得开心的时候，警察来敲门了。他慌慌张张穿上衣服去开门，房间里的两个女孩子来不及穿衣服，就慌慌张张[2]地跑进卫生间[3]。警察接到有人吸毒[4]的举报[5]，就来了。警察没有发现常局长和两个女孩子吸毒，但这两个女孩子是洗浴中心的小姐。最后，警察按嫖娼[6]罚了款。熊胖头给常局长交了罚款。

后来常局长仔细想了一下事情的经过。洗浴中心在地下室，常局长感觉不舒服，就让熊胖头在洗浴中心上面的星级宾馆开了一个套间。像这种星级宾馆，没人举报，警察一般是不会来的。如果有人举报，就只可能是熊

1 星级宾馆: star-rated hotel
2 慌慌张张: flurried
3 卫生间: toilet, restroom
4 吸毒: take drugs
5 举报: report; inform against
6 嫖娼: go whoring

胖头。熊胖头看出常局长在怀疑[1]他，就说："我？我怎么可能举报你？你是不是得罪什么人了啊？"

常局长忽然想起来，熊胖头是刘国宝的同学！他知道熊胖头派人帮刘国宝修补福利厂小区房子漏雨的事。他心想一定是熊胖头和刘国宝举报了他，但是他不敢说。从省城回来后，他来到王书记的家，向王书记说了自己的错误，他还说这是刘国宝和熊胖头给他找的麻烦。

王书记骂了他："你这个混账[2]东西！那个残疾人老陶的修钟表的摊位你还不办好，我就让你去摆摊儿！"

常局长低着头离开了王书记的家。

其实他不用向王书记坦白[3]他在省城的事情，刘国宝和熊胖头讲好了，只要

1 怀疑: doubt
2 混账: (curse) bastard
3 坦白: confess

能让老陶摆修钟表的摊位，常局长嫖娼的事他们是不会说出去的。老陶开始摆摊儿修钟表了，他非常高兴。

六

福利厂小区的男女老少从来没有这样聚会¹过。老陶今天也特别高兴，他收了钟表摊，还请人把老婆和床一起抬到了小区进口的小广场。小广场上摆上了鲜花。贵生的女儿考上大学了。聚会的第一个内容是欢送贵生的女儿去上大学。聚会的第二个内容是接受捐赠²，吴志良发动³区公安分局的警察给贵生女儿捐赠了学费和路费⁴，城门社区派出所的警察给福利厂小区的文化活动室捐赠了DVD和棋牌茶具⁵，刘国宝和李大河一起捐赠了一台大的彩色

1 聚会: get together
c.g. 朋友们聚会非常快乐。
2 捐赠: donation
3 发动: call on
4 学费和路费: tuition and traveling expenses
5 棋牌茶具: chess, cards and tea set

电视机。最后一个内容是给大家发放新办的身份证[1]。杨彩云带了学生表演节目,许多学生家长也来了。有一个节目是诗歌朗诵[2]。第一首诗是刘国宝在大学时写的,杨彩云很喜欢。诗的题目是《我愿》。一个学生大声地朗诵:

我愿寒冷[3]的冬天,人人有盆火;

……

大家忽然发现刘国宝不见了,大家都在问刘国宝去哪儿了。盲人老周说:
"刘警官在警务室!"

大家来到警务室,他们看到刘国宝倒在警务室,他中暑[4]了。南方的夏天,天气实在太热了。

1 身份证: ID card
2 诗歌朗诵: poem recitation
3 寒冷: cold
4 中暑: suffer heat-stroke

This story has been abridged according to Chen Shixu's short story, 一看就是个新警察, which was published in the *Prize-Winning Works Collection of the Thirteenth Baihua Prize* (《小说月报》第十三届百花奖获奖作品集), edited by the Novel Monthly Editorial Department (小说月报编辑部), Baihua Literature and Art Publishing House (百花文艺出版社), Tianjin, 2009.

About the author Chen Shixu (陈世旭):

Chen Shixu is a member of the China Writers' Association. He was born in 1948, in Nanchang (南昌), Jiangxi Province (江西省). He worked in the countryside for eight years after which he worked in a county cultural center for about ten years. His main works include, 梦洲 (*Mèng Zhōu*), 裸体问题 (*Luǒtǐ Wèntí*), 将军镇 (*Jiāngjūn Zhèn*), 世纪神话 (*Shìjì Shénhuà*), 边唱边晃 (*Biān Chàng Biān Huàng*), 一半是黑色, 一半是白色 (*Yíbàn Shì Hēisè, Yíbàn Shì Báisè*), as well as collections of novellas and short stories. His novels, 小镇上的将军 (*Xiǎozhèn Shang De Jiāngjūn*), 惊涛 (*Jīng Tāo*), 马车 (*Mǎchē*) and 镇长之死 (*Zhènzhǎng Zhī Sǐ*) won the National Excellent Short Story Prizes of 1979 and 1984, the National Excellent Novel Prize of 1987—1988, and the first Lu Xun Literature Prize, respectively.

思考题：

1. 为什么常局长把刘国宝看作是一个新警察？
2. 刘国宝为福利厂小区的人们办了哪些事情？
3. 刘国宝是怎样对待常局长的？
4. 还有哪些人和刘国宝一起帮助了残疾人？

总词汇表

Glossary

This glossary contains the top 1500 high frequency words and HSK Test Level 4 words used in this book (e.g., 安全)

A

啊	a	used to express surprise, exclamation or promise
唉	āi	sound of sighing
矮	ǎi	short; low
爱	ài	love; like doing sth.
爱情	àiqíng	love (between a man and a woman)
安静	ānjìng	noiseless, quiet, calm; quiet down; keep silent
安排	ānpái	to arrange, to plan
安全	ānquán	safe; safety
安慰	ānwèi	to comfort; comfort
按	àn	according to
暗	àn	dim

B

八	bā	eight
把	bǎ	used before an object, followed by a transitive verb; classifier used for things with a handle
爸	bà	father, dad, daddy
爸爸	bàba	father, dad, daddy
罢	bà	to stop, to dismiss
吧	ba	used at the end of a sentence to express speculative interrogation; used at the end of an imperative sentence
白	bái	white

白天	báitiān	daytime
摆	bǎi	to put, to place
班	bān	class
搬	bān	to carry, to move
办	bàn	set up; to run
办法	bànfǎ	way, means, measure; step to take; method, resource
办公室	bàngōngshì	office
半	bàn	half
半天	bàntiān	half day; quite a while
帮	bāng	to help, to assist, to aid, to support
帮助	bāngzhù	to help, to assist, to aid, to support
包	bāo	bag
包括	bāokuò	to include; consist of
保护	bǎohù	to protect
保证	bǎozhèng	to guarantee
报	bào	report, newspaper
报纸	bàozhǐ	newspaper
抱	bào	hold sb. or sth. with one's arm(s); embrace
杯	bēi	cup, glass
背	bēi	carry on the back
背	bèi	to recite
被	bèi	be made or forced, indicating passive voice
本	běn	copy, notebook
本来	běnlái	originally
比	bǐ	used to make comparison
比较	bǐjiào	fairly, quite
比如	bǐrú	take sth. for example
比赛	bǐsài	competition; to compete
笔	bǐ	classifier used to indicate sums of money or the matters concerned
笔记本	bǐjìběn	notebook
必须	bìxū	must; have to
毕业	bìyè	to graduate

边	biān	side
变	biàn	to change, to transform
变成	biànchéng	change into; turn into
变化	biànhuà	change, variation; to change, to vary
便	biàn	appropriate, convenient; soon afterwards
便是	biànshì	namely
遍	biàn	number of times
辫子	biànzi	plait, pigtail
标准	biāozhǔn	standard, criterion; conforming to a standard
表	biǎo	to watch, to form
表达	biǎodá	to express, to convey
表情	biǎoqíng	expression, countenance
表示	biǎoshì	to express, to convey
表现	biǎoxiàn	expression; to display
表演	biǎoyǎn	to act, to perform, to play; exhibition, show, program, performance
别	bié	don't
别的	biéde	other, else
别人	biérén	other people
并	bìng	to combine; and, together
并且	bìngqiě	further more; besides
病	bìng	sickness, disease
病人	bìngrén	patient; sick person
补	bǔ	to mend, to repair; make up for
不	bù	not, no
不安	bù'ān	unstable, uneasy
不必	búbì	not necessarily
不错	búcuò	not bad
不但	búdàn	not only
不得不	bùdébù	must; have to
不断	búduàn	unceasingly, constantly
不够	búgòu	not enough; insufficient
不管	bùguǎn	no matter; whether or not
不过	búguò	but, however

不好	bùhǎo	bad; not good
不好意思	bù hǎoyìsi	to feel shy or sorry
不会	búhuì	will not happen; can't
不见	bújiàn	not see; not to be found
不仅	bùjǐn	not only
不久	bùjiǔ	before long
不可	bùkě	must not
不能	bùnéng	be unable to; can't
不如	bùrú	not as good as
不少	bùshǎo	many; quite a few
不同	bùtóng	different
不行	bùxíng	incompetent, unworkable
不要	búyào	do not
不用	búyòng	need not; don't bother to…
不再	búzài	no longer; not any more
不知	bùzhī	not know
布	bù	cloth
步	bù	step, stage, phase
部	bù	part, department
部分	bùfen	part, section, portion

C

擦	cā	to rub, to wipe
猜	cāi	to guess
才	cái	just, only (indicating only one solution)
材料	cáiliào	reference material
菜	cài	vegetable, dish
参观	cānguān	to visit
参加	cānjiā	to join; to take part in; to attend
草	cǎo	grass, straw
草原	cǎoyuán	grassland, prairie
层	céng	layer, floor, etc. (used for things that have separate levels)
曾	céng	once, previously
曾经	céngjīng	once, previously
差	chā	difference; slightly

查	chá	to check, to verify
茶	chá	tea (liquid drink/tea leaves)
差	chà	fall short of; be inferior
差不多	chàbuduō	about, nearly
产品	chǎnpǐn	product, produce
产生	chǎnshēng	to produce; bring about
长	cháng	long
场	cháng	period; country fair
尝	cháng	to taste
常	cháng	often
常常	chángcháng	often, frequently
场	chǎng	site, stage, field
唱	chàng	to sing
朝	cháo	towards, to
车	chē	vehicle
称	chēng	to weigh, to praise, to call
成	chéng	to become
成功	chénggōng	to succeed; success
成绩	chéngjì	achievement
成熟	chéngshú	mature
成为	chéngwéi	to become
城里	chéng li	inside the city
城市	chéngshì	city
吃	chī	to eat
吃饭	chīfàn	have a meal; earn a living
吃惊	chījīng	surprised, shocked; be surprised
冲	chōng	dash
充满	chōngmǎn	be full of
抽（烟）	chōu(yān)	to smoke (cigarettes)
出	chū	to exit; go out; to happen; used after a verb, indicating direction
出发	chūfā	set out; start off; to leave; move on
出来	chūlái	come out
出去	chūqù	go out
出生	chūshēng	be born
出现	chūxiàn	come out; happen; show up; appear

除了	chúle	except (for); besides; in addition to
厨房	chúfáng	kitchen
处	chǔ	be situated in; deal with
处	chù	place, division
穿	chuān	to wear; put on
传说	chuánshuō	legend; it is said
传统	chuántǒng	traditional
船	chuán	boat, ship
窗	chuāng	window
窗户	chuānghu	window
床	chuáng	bed
创造	chuàngzào	to create; bring about
吹	chuī	to blow
春节	Chūnjié	Spring Festival, Chinese New Year
春天	chūntiān	spring
词	cí	word
此	cǐ	this, here, such
次	cì	number of times
聪明	cōngmíng	bright, clever, intelligent
从	cóng	from, since
从不	cóng bù	never
从此	cóngcǐ	ever since; from now on
从而	cóng'ér	thus, thereby
从来	cónglái	right from the beginning; always; at all times; all along
从前	cóngqián	in the past; formerly
从小	cóngxiǎo	since childhood
存在	cúnzài	to exist; existence
错	cuò	wrong, incorrect
错误	cuòwù	wrong, incorrect, mistake; error, mistake

D

答应	dāying	to answer; make a promise
达到	dádào	to reach; arrive at
打	dǎ	to beat
打电话	dǎ diànhuà	make a phone call

打开	dǎkāi	turn on; switch on
打算	dǎsuàn	be going to do sth.; plan to; plan
大	dà	big, large, huge, great
大概	dàgài	almost, probably
大海	dàhǎi	sea
大家	dàjiā	everyone, everybody
大量	dàliàng	many; broad-minded
大门	dàmén	main gate; entrance door
大声	dàshēng	loudly
大学	dàxué	university, college
大约	dàyuē	about, approximately; more or less
呆	dāi	dumb; to stay
大夫	dàifu	doctor, physician, surgeon
代	dài	take the place of; dynasty, generation
代表	dàibiǎo	to represent; deputy
代替	dàitì	to replace
带	dài	to carry, to take, to bring
带来	dàilái	to bring; bring about
待	dài	wait for; to treat
戴	dài	to wear; put on
单位	dānwèi	work unit; work place
担心	dānxīn	to worry; be anxious; feel concerned
但	dàn	but, yet, however
但是	dànshì	but
当	dāng	to match, to deserve; serve as
当然	dāngrán	of course; naturally, certainly
当时	dāngshí	at that time
当	dàng	appropriate; to think; be a pawn
倒	dǎo	to fall
到	dào	to arrive, to reach
到处	dàochù	everywhere
到底	dàodǐ	on earth
道	dào	way; to say
道理	dàolǐ	reason, truth
道歉	dàoqiàn	to apologize

得	dé	to obtain, to get
得到	dédào	to obtain
得意	déyì	be pleased with oneself; pride oneself on sth. (or doing sth.)
地	de	(aux.) used after an adjective or phrase to form an adverbial adjunct before the verb
的	de	of
的话	dehuà	used to indicate a condition
灯	dēng	lamp, light
等	děng	and so on; et cetera; to wait
等等	děngděng	and so on; et cetera; wait a minute
低	dī	low, down, lower
低声	dīshēng	in a low voice
底	dǐ	bottom
地方	dìfang	place
地球	dìqiú	the Earth
地区	dìqū	area, district
地上	dì shang	on the ground
地图	dìtú	map
地震	dìzhèn	earthquake
弟弟	dìdi	younger brother
第二	dì-èr	second
第二天	dì-èr tiān	the next day
第三	dì-sān	third
第一	dì-yī	first
点	diǎn	o'clock; to order, to light
点儿	diǎnr	a little
电话	diànhuà	telephone
电脑	diànnǎo	computer
电视	diànshì	television
电梯	diàntī	elevator
电影	diànyǐng	motion picture; movie, film
店	diàn	shop, store
掉	diào	to fall
顶	dǐng	classifier for caps; top

定	dìng	to fix, to order; certainly
丢	diū	to lose
东	dōng	east
东西	dōngxī	east and west
东西	dōngxi	thing, creature
冬	dōng	winter
懂	dǒng	to understand
懂得	dǒngde	to understand, to know
动	dòng	to move
动物	dòngwù	animal, beast
都	dōu	all; even, already
读	dú	to read
读书	dúshū	read a book; to study
肚子	dùzi	belly, abdomen, stomach
端	duān	hold with two hands
短	duǎn	short
段	duàn	passage, paragraph (of an article); period (of time); section (of a distance)
断	duàn	to break; cut off
锻炼	duànliàn	do physical training; to exercise
堆	duī	heap, pile, much
队	duì	queue, team
对	duì	to, towards
对不起	duìbuqǐ	I'm sorry.
对象	duìxiàng	boyfriend or girlfriend
对于	duìyú	as to; with regard to
吨	dūn	ton
多	duō	a lot of; how (used in an interrogative sentence, expressing an inquiry of number or degree); how (used before an adjective, indicating exclamation)
多么	duōme	how
多少	duōshao	how many; how much

E

饿	è	hungry
儿	ér	son, child

儿子	érzi	son
而	ér	and, but, however
而且	érqiě	moreover, furthermore
而是	érshì	but rather
耳朵	ěrduo	ear
二	èr	two
二十	èrshí	twenty

F

发	fā	to emit
发出	fāchū	send out; to release
发生	fāshēng	take place; to happen
发现	fāxiàn	find out; to discover
发展	fāzhǎn	to develop, to expand; go along
翻	fān	to turn (over, up, upside)
翻译	fānyì	to translate
反对	fǎnduì	be against; be object to
反映	fǎnyìng	to reflect, to report
反正	fǎnzhèng	anyway; now that
饭	fàn	food, meal
饭店	fàndiàn	restaurant, eatery, hotel
方	fāng	square; method
方便	fāngbiàn	convenient
方法	fāngfǎ	method, way, manner, measure
方面	fāngmiàn	aspect
方式	fāngshì	way, mode, pattern
方向	fāngxiàng	direction
房	fáng	house, room
房间	fángjiān	room
房子	fángzi	house
仿佛	fǎngfú	seemingly; as if
放	fàng	to put, to place
放假	fàngjià	have a holiday; have a day off
放弃	fàngqì	give up
放心	fàngxīn	be assured
放在	fàng zài	to place, to put

飞	fēi	to fly
飞机	fēijī	plane
非	fēi	not; wrong; be against
非常	fēicháng	very
分	fēn	minute, mark, grade, score; to split, to separate
分析	fēnxī	to analyse
分钟	fēnzhōng	minute
份	fèn	part, portion
丰富	fēngfù	abundant, plentiful, copious, rich, profuse; to enrich
风	fēng	wind
风景	fēngjǐng	landscape
封	fēng	classifier for letters, telegraph, etc.; to seal
夫人	fūrén	wife, Madame
服务员	fúwùyuán	attendant, waiter, waitress
幅	fú	classifier for cloth, painting, etc.
父母	fùmǔ	parents; father and mother
父亲	fùqīn	father
付	fù	to pay
负责	fùzé	be responsible for; be in charge of
妇女	fùnǚ	woman, womanhood
附近	fùjìn	nearby, neighbor, vicinity, proximity
复习	fùxí	to review
复杂	fùzá	complicated, complex
副	fù	deputy, vice-
富	fù	rich

G

该	gāi	ought, should
改	gǎi	to change, to alter, to correct
改变	gǎibiàn	to change, to vary; variation
盖	gài	to build
干	gān	dry
干干净净	gāngānjìngjìng	with nothing left
赶	gǎn	to catch, to get

赶紧	gǎnjǐn	hurriedly, immediately
敢	gǎn	dare to do
感	gǎn	to feel, to sense
感到	gǎndào	to feel, to sense
感动	gǎndòng	to move, to touch; feel moved; be touched
感觉	gǎnjué	feeling, impression, sensation; to perceive, to feel, to experience
感情	gǎnqíng	feeling, emotion
感谢	gǎnxiè	to thank; be grateful; to appreciate; acknowledgement, appreciation
干什么	gàn shénme	what to do; whatever for
刚	gāng	just
刚才	gāngcái	a moment ago; just now
刚刚	gānggāng	exactly; just now
高	gāo	tall, high
高级	gāojí	high-class
高兴	gāoxìng	happy, glad, cheerful, pleased
搞	gǎo	to do
告诉	gàosu	to tell
哥哥	gēge	elder brother
歌	gē	song
革命	gémìng	revolution; alter completely
个	gè	used with nouns without specific classifiers
个人	gèrén	individual, I
各	gè	every
各地	gèdì	various places; all regions
各种	gè zhǒng	various; all kinds of
给	gěi	hand over; for
根	gēn	classifier for long, thin objects
根本	gēnběn	foundation; fundamental
根儿	gēnr	root
根据	gēnjù	on the basis of; according to; basis, cause, foundation
跟	gēn	to follow; with

跟着	gēnzhe	to follow; right after
更	gèng	more
更加	gèngjiā	even more; further
工厂	gōngchǎng	factory
工具	gōngjù	tool, instrument
工人	gōngrén	worker, workman
工作	gōngzuò	job, work
公共	gōnggòng	public, common
公里	gōnglǐ	kilometer
公司	gōngsī	company, firm
公园	gōngyuán	park
狗	gǒu	dog
构成	gòuchéng	to form, to consititute
够	gòu	enough
姑娘	gūniang	girl
古代	gǔdài	ancient times
鼓励	gǔlì	to encourage
故事	gùshi	story
故意	gùyì	intentionally, deliberately, designedly
挂	guà	to suspend, to hang
怪	guài	odd; unusually; monster; to blame
关	guān	to close; turn off
关系	guānxì	relation, relationship
关心	guānxīn	care for; consideration
关于	guānyú	with regard to
观察	guānchá	to observe, to watch
观念	guānniàn	idea, conception
官	guān	official, organ
管	guǎn	be in charge of; care about
光	guāng	light; solely, only; used up; finished (used after a verb)
广告	guǎnggào	advertisement, commercial
逛	guàng	to stroll
鬼	guǐ	ghost; dirty trick
贵	guì	expensive, costly
国	guó	country, state

国际	guójì	international
国家	guójiā	country
果然	guǒrán	as expected
过	guò	to cross, to pass
过程	guòchéng	process, course
过来	guòlái	come over
过去	guòqù	in the past

H

还	hái	still
还是	háishi	still; all the same; had better; or
还要	hái yào	still more
还有	hái yǒu	also; as well
孩子	háizi	son or daughter; child
海洋	hǎiyáng	ocean
害怕	hàipà	be afraid; be scared
喊	hǎn	to call, to shout
汉语	Hànyǔ	Chinese language
汉字	Hànzì	Chinese character
行	háng	row, line
好	hǎo	good, nice, kind, ready; very, quite; so that
好吃	hǎochī	delicious
好多	hǎoduō	many; quite a few
好好儿	hǎohāor	when everything is all right; to one's heart's content
好几	hǎo jǐ	well over; a good few
好看	hǎokàn	beautiful
好像	hǎoxiàng	as if; to seem; be like; look like
号	hào	date, number
号码	hàomǎ	number
好	hào	be fond of; be likely to
喝	hē	drink
合	hé	to shut, to combine; round
合适	héshì	fit, suitable, appropriate
和	hé	and, with
和尚	héshang	Buddhist monk

河	hé	river
荷花	héhuā	lotus
黑	hēi	black, dark
很	hěn	very
很多	hěn duō	many; a lot of
很快	hěn kuài	soon, quickly
恨	hèn	hate
哼	hēng	to snort, to hum, to groan
红	hóng	red
红色	hóngsè	red
猴子	hóuzi	monkey
后	hòu	after, behind
后悔	hòuhuǐ	to regret
后来	hòulái	later, afterwards
后面	hòumiàn	at the back; in the rear; behind; later, afterwards
忽然	hūrán	suddenly
胡同	hútòng	lane, alley
湖	hú	lake
互相	hùxiāng	each other; one another
花（儿）	huā(r)	flower
花园	huāyuán	flower garden
画家	huàjiā	painter, artist
话	huà	word, remark, talk
坏	huài	bad, evil, terrible; badly
欢迎	huānyíng	welcome
环境	huánjìng	environment, condition, circumstance
换	huàn	to change; exchange money
皇帝	huángdì	emperor
黄	huáng	yellow
回	huí	go back; number of times
回答	huídá	to answer, to reply, to respond
回到	huídào	to return; come back
回家	huíjiā	go home
回来	huílái	return; come back
回去	huíqù	return; go back

回头	huítóu	turn one's head; some other time
回忆	huíyì	to recall
会	huì	can; be capable of; may; meeting
婚礼	hūnlǐ	wedding ceremony
婚姻	hūnyīn	marriage
活	huó	alive; to live
活动	huódòng	to exercise; activity
火	huǒ	to anger; fire, irritation; fashionable, popular, prosperous
火车	huǒchē	train
或	huò	or, perhaps
或者	huòzhě	or
获得	huòdé	to get, to obtain

J

几乎	jīhū	nearly, almost
机会	jīhuì	chance; opportunity
鸡	jī	chicken
激动	jīdòng	to stir, to excite, to thrill
及	jí	and; to match, to overtake
极	jí	extremely, exceedingly
即	jí	to reach; namely; at once; even if
即使	jíshǐ	even if
急	jí	anxious; in a hurry
几	jǐ	how many; several
几十	jǐshí	dozen
挤	jǐ	to squeeze, to jam; crowded
计划	jìhuà	to plan; plan to do sth.
记	jì	to remember; take notes; to record
记得	jìde	to remember; learn by heart
记者	jìzhě	reporter, journalist
技术	jìshù	technology, technique
既	jì	already; now that
既然	jìrán	since
继续	jìxù	to continue, to proceed; carry on; get on; keep on
寄	jì	mail

加	jiā	to add
加上	jiāshàng	to add; in addition
夹	jiā	to clip, to clamp
家	jiā	home, family, household, classifier used for families, restaurants, hotels or companies
家里	jiā li	family, home
家庭	jiātíng	family
家乡	jiāxiāng	hometown
家中	jiā zhōng	in one's family
甲	jiǎ	first; armor
假	jiǎ	false; in case
价值	jiàzhí	value
假	jià	holiday, vacation
嫁	jià	(of a woman) to marry; to transfer
坚持	jiānchí	insist on; persist in; keep up;
间	jiān	classifier for the number of rooms in a house or a building
剪	jiǎn	to cut; scissors
简单	jiǎndān	easy, simple
简直	jiǎnzhí	simply; at all
见	jiàn	to see; catch sight of
见到	jiàndào	see; catch sight of
见面	jiànmiàn	to meet
件	jiàn	classifier used for clothes and things
建立	jiànlì	to establish; set up
建议	jiànyì	to suggest, to advise; suggestion, advice
建筑	jiànzhù	to construct; building
健康	jiànkāng	healthy; health
渐渐	jiànjiàn	gradually; little by little
将	jiāng	will; going to
将来	jiānglái	in the future; later
讲	jiǎng	to speak, to tell
讲究	jiǎngjiū	be particular about; exquisite
交	jiāo	to give; hand over; make friends

骄傲	jiāo'ào	arrogant; be proud
教	jiāo	to teach, to instruct
角	jiǎo	tenth of one yuan (money); corner
饺子	jiǎozi	*jiaozi*, dumpling
脚	jiǎo	foot
叫	jiào	to call; be called
觉	jiào	to sleep
较	jiào	to compare; comparatively
教	jiào	religion
教室	jiàoshì	classroom
教授	jiàoshòu	professor
教育	jiàoyù	education; to educate
接	jiē	to accept, to receive; go on
接受	jiēshòu	to accept; take up
接着	jiēzhe	to continue; go on
街上	jiē shang	on the street
节目	jiémù	show, performance, program
结果	jiéguǒ	result
结婚	jiéhūn	get married
结束	jiéshù	to stop, to finish, to end, to terminate
姐	jiě	sister; elder sister
姐姐	jiějie	elder sister
解决	jiějué	to solve, to resolve
解释	jiěshì	to explain, to interpret, to define; exposition, explanation
介绍	jièshào	to introduce; introduction
借	jiè	to borrow, to lend
今年	jīnnián	this year
今天	jīntiān	today, now; at present
斤	jīn	(unit of weight) one *jin* is equal to 500 grams.
紧	jǐn	tight
紧张	jǐnzhāng	feel nervous
尽管	jǐnguǎn	although; even though
尽	jìn	to exhaust; reach the limit
进	jìn	to enter

进步	jìnbù	progress; make progress
进来	jìnlái	to enter; come in
进去	jìnqù	to enter; go in
进入	jìnrù	to enter; get into
进行	jìnxíng	to execute; carry out
近	jìn	close, near, intimate
京剧	jīngjù	Beijing opera
经常	jīngcháng	often
经过	jīngguò	pass through / by; through
经济	jīngjì	economy
经理	jīnglǐ	manager
经历	jīnglì	go through; to experience, to undergo; one's past experiences
经验	jīngyàn	to experience; experience
惊	jīng	to startle, to shock, to frighten
精神	jīngshen	full of spirit
警察	jǐngchá	policeman
竟	jìng	complete; eventually, unexpectedly
镜子	jìngzi	mirror, glass
究竟	jiūjìng	on earth
九	jiǔ	nine
久	jiǔ	for a long time
酒	jiǔ	alcohol
旧	jiù	old, worn
就	jiù	indicating certainty; immediately; right away
就是	jiùshì	just; that's right
就要	jiùyào	about to; going to
居然	jūrán	unexpectedly; to one's surprise
举行	jǔxíng	to perform; take place
巨大	jùdà	huge, gigantic, tremendous
句	jù	sentence
具有	jùyǒu	to have, to possess; be provided with
据	jù	according to; occupy
据说	jùshuō	it is said that

决定	juédìng	to decide, to determine; decision, determination
角色	juésè	role
觉	jué	to feel; wake up
觉得	juéde	to feel, to think

K

开	kāi	to drive, to open, to found, to hold
开始	kāishǐ	to start, to begin; beginning
开玩笑	kāi wánxiào	make a joke
看	kān	look after; keep an eye on
看	kàn	to see, to watch; look at
看到	kàndào	to see; catch sight of
看见	kànjiàn	to see
看看	kànkan	look at
看来	kànlái	it seems; it appears
考	kǎo	give or take an exam; to study, to consider
考虑	kǎolǜ	to think, to consider
考试	kǎoshì	examination; take a test
靠	kào	lean against; depend on
科学	kēxué	science
科学家	kēxuéjiā	scientist
棵	kē	classifier used for plants
颗	kē	classifier for small and round things
可	kě	but, yet, however
可爱	kě'ài	cute, lovable, likeable
可怜	kělián	pitiful, pitiable, poor
可能	kěnéng	may, can, possible, probable, likely
可是	kěshì	but, yet, however
可惜	kěxī	regrettable, unfortunate
可以	kěyǐ	can, may; not bad; passable; pretty good
客气	kèqi	polite; courtesy
客人	kèrén	guest
课	kè	lesson, class
肯	kěn	to consent; be ready to

肯定	kěndìng	certainly, surely
空	kōng	empty; sky; in vain
空气	kōngqì	air
恐怕	kǒngpà	perhaps, probably, maybe
空	kòng	vacant; empty space
口	kǒu	classififer used for people and some animals; mouth
口袋	kǒudai	pocket, sack
哭	kū	to cry, to weep
苦	kǔ	bitter
裤子	kùzi	trousers
块	kuài	RMB yuan; piece
快	kuài	fast; be going to; will, shall
快乐	kuàilè	happy, joyful, cheerful, glad; happiness, joy, pleasure, delight
筷子	kuàizi	chopsticks
困难	kùnnan	trouble, difficulty; difficult, hard, tough

L

拉	lā	to pull
啦	la	fusion of 了 and 啊
来	lái	to come, to occur
来到	láidào	to arrive; to get to
来说	láishuō	as far as sb./sth. is concerned
蓝	lán	blue
狼	láng	wolf
劳动	láodòng	to work, to labor; do physical labor
老	lǎo	aged, old
老板	lǎobǎn	boss, master
老虎	lǎohǔ	tiger
老人	lǎorén	old people; senior cicizen
老师	lǎoshī	teacher
老太太	lǎotàitai	old woman
老爷	lǎoye	lord, master
了	le	used after a verb or an adjective to indicate the completion of an action
泪	lèi	tear, teardrop

类	lèi	kind, type; to resemble
累	lèi	tired, fatigued
冷	lěng	cold
离	lí	be away from
离开	líkāi	to leave; be away from; part from; separate from
礼貌	lǐmào	polite
礼物	lǐwù	present, gift
里	lǐ	inside, neighborhood
里	li	inner, inside
里面	lǐmiàn	inside, interior
哩	lǐ	equivalent to 呢, used in noninterrogative sentences
理解	lǐjiě	to understand, to comprehend
理想	lǐxiǎng	ideal, perfection; perfect, desirable
力气	lìqi	(physical) strength, might, force
历史	lìshǐ	history
立	lì	to stand; set up; upright, vertical
立刻	lìkè	immediately
利用	lìyòng	to use; take advantage of
例如	lìrú	take for example
俩	liǎ	pair, couple; two
连	lián	even (used for emphasis); be in succession
连忙	liánmáng	immediately, hastily
联系	liánxì	to communicate; establish contact; association, relationship
脸	liǎn	face
脸色	liǎnsè	completion, countenance
脸上	liǎn shang	on one's face
练	liàn	to practice, to exercise
练习	liànxí	to practice, to exercise
两	liǎng	two
亮	liàng	bright; light
辆	liàng	classifier used for vehicles
聊	liáo	to chat; a little

了解	liǎojiě	to know, to understand, to comprehend
邻居	línjū	neighbor
领导	lǐngdǎo	leader
另	lìng	other; in addition
另外	lìngwài	in addition
令	lìng	to order, to cause
留	liú	to stay
留下	liúxià	to stay, to remain; leave behind
留学生	liúxuéshēng	overseas student
流	liú	to flow
六	liù	six
楼	lóu	building
路	lù	road; used to indicate a bus route
路上	lù shang	road, trip; en route
露	lù	to show, to reveal
旅行	lǚxíng	to travel
旅游	lǚyóu	to travel
绿	lǜ	green
绿色	lǜsè	green; environment-friendly
乱	luàn	messy, disorderly; in confusion; confused
落	luò	fall onto

M

妈（妈）	mā(ma)	mother, mom
麻烦	máfan	troublesome; to bother; burden
马	mǎ	horse
马上	mǎshàng	immediately; at once
骂	mà	to swear, to curse
吗	ma	used at the end of a sentence, indicating a question
嘛	ma	aux. used at the end of the sentence to show what precedes it is obvious
买	mǎi	to buy
卖	mài	to sell
满	mǎn	be full of
满意	mǎnyì	be satisfied

满足	mǎnzú	to satisfy; satisfied
慢	màn	slow
慢慢	mànmān	slow, gradual
忙	máng	busy, be busy doing sth.
猫	māo	cat
毛	máo	hair, fur; tenth of one yuan (monetary unit)
毛巾	máojīn	towel
冒	mào	to emit; run a risk
么	me	used after some Chinese characters
没	méi	not; without
没关系	méi guānxi	That's all right; You are welcome; have no relation with
没有	méiyǒu	not, with out
每	měi	every, each
每次	měi cì	each time; on each occasion
每个	měi gè	each, every
每年	měi nián	each year
每天	měi tiān	each day
美	měi	beautiful; beauty
美好	měihǎo	bright, beautiful
美丽	měilì	beautiful; beauty
妹妹	mèimei	younger sister
门	mén	door doorways; classifier used for curriculum in school
门口	ménkǒu	doorway, entrance
们	men	used after a personal pronoun or a noun to show plural number
梦	mèng	dream
米	mǐ	meter
面	miàn	face, scope, noodles
面前	miànqián	presence
民族	mínzú	nation, race; ethnic group
名	míng	name; famous
名字	míngzi	name, title

明白	míngbai	to know, to understand; plain, explicit, clear
明天	míngtiān	tomorrow
命	mìng	to order, to instruct; destiny, fate
摸	mō	to feel, to touch
某	mǒu	certain, some
母亲	mǔqīn	mother
目的	mùdì	purpose, aim

N

拿	ná	to hold, to take
哪	nǎ	which, who, what
哪儿	nǎr	where
哪个	nǎge	which, whichever
哪里	nǎli	where
内	nèi	inner; inside
内容	nèiróng	content, substance
那	nà	that
那儿	nàr	there; over there
那个	nàge	that; that matter
那里	nàli	over there
那么	nàme	so; in that way
那时	nà shí	then; at that time
那天	nà tiān	that day
那位	nà wèi	that person
那些	nàxiē	those
那样	nàyàng	so; in that way
那种	nà zhǒng	like that; of that kind
奶奶	nǎinai	grandmother
男	nán	man, male
男孩儿	nánháir	boy; male child
男人	nánrén	man, male
难	nán	hard, tough, difficult
难道	nándào	used in a rhetorical question
难受	nánshòu	feel sad
难	nàn	adversity, disaster

闹	nào	noisy; create confusion
呢	ne	used at the end of a sentence, indicating an interrogative statement; used at the end of a sentence to indicate a statement
能	néng	can, may
能够	nénggòu	be able to
能力	nénglì	ability, capacity, capability
嗯	ǹg	eh
你	nǐ	you
你好	nǐ hǎo	hello, hi
你们	nǐmen	you (plural)
年	nián	year
年代	niándài	age, era
年纪	niánjì	age
年龄	niánlíng	age
年轻	niánqīng	young
年轻人	niánqīngrén	youngster; the young
念	niàn	read aloud
鸟	niǎo	bird
您	nín	you (used to address someone with respect)
您好	nín hǎo	hello; how are you
牛	niú	cattle
农村	nóngcūn	countryside
农民	nóngmín	farmer, peasant
弄	nòng	to do, to manage, to handle
努力	nǔlì	hard-working, diligent
女	nǚ	woman, female
女儿	nǚ'ér	daughter
女孩儿	nǚháir	girl; female child
女人	nǚrén	woman, female
女性	nǚxìng	woman, female

O

哦	ò	oh

P

爬	pá	to crawl, to climb
怕	pà	be afraid; to fear
拍	pāi	to clap, to pat, to take (a picture)
排	pái	row, line; line up
派	pài	school of thought; sect; to send, to dispatch
盘	pán	plate, set; twist, wind
旁边	pángbiān	side; by the side of
胖	pàng	fat; get fat
跑	pǎo	run
陪	péi	to accompany; keep one's company
朋友	péngyou	friend
碰	pèng	to touch; run into
脾气	píqi	temperament
篇	piān	classifier used for essays, articles, etc.
片	piàn	small piece of sth.
便宜	piányi	cheap, inexpensive
票	piào	ticket
漂亮	piàoliang	good-looking; pretty, beautiful
平静	píngjìng	calm, tranquil
平时	píngshí	normally, usually
苹果	píngguǒ	apple
婆婆	pópo	old woman; mother-in-law
破	pò	broken, damaged
普通	pǔtōng	ordinary, common

Q

七	qī	seven
妻子	qīzi	wife
其	qí	that, such, it
其实	qíshí	actually; in fact; as a matter of fact
其他	qítā	other, else
其中	qízhōng	among, in, inside
奇怪	qíguài	odd, queer, strange, unusual, peculiar

骑	qí	to ride (an animal or bicycle); sit on the back of
骑车	qíchē	to ride (an animal or a bicycle)
起	qǐ	get up
起来	qǐlái	used after a verb to indicate a direction or trend
气	qì	air, gas; get angry
气氛	qìfēn	atmosphere, air
汽车	qìchē	car, bus, vehicle
千	qiān	thousand
千万	qiānwàn	however, anyhow; in any case; at any rate; at any price
前	qián	before; in front of
前面	qiánmiàn	before; in front
钱	qián	money
强	qiáng	strong, powerful; to strengthen
墙上	qiáng shang	on the wall
敲	qiāo	to knock
桥	qiáo	bridge
亲戚	qīnqi	relative
青年	qīngnián	youth, young
轻	qīng	gentle
清	qīng	clear, distinct; clear up
清楚	qīngchu	clear, distinct; be clear about; to understand
情况	qíngkuàng	circumstance, situation, condition; state of affair
情绪	qíngxù	mood, sentiment
请	qǐng	to ask, to invite, to treat
请问	qǐngwèn	excuse me; please
穷	qióng	poor, poverty-stricken
求	qiú	to beg
球	qiú	ball, sphere; ball game
球迷	qiúmí	ball game fan
取	qǔ	to take, to get

去	qù	to go, to leave; used after a verb, indicating the tendency of the action; to remove; get rid of
去年	qùnián	last year
去世	qùshì	die; pass away
全	quán	complete; totally
全部	quánbù	whole, all; complete, total
全国	quán guó	whole country; entire nation
全家	quán jiā	whole family
劝	quàn	try to persuade; to exhort
却	què	but, yet, however, while
确实	quèshí	really, indeed
群	qún	crowd, group, mass
群众	qúnzhòng	the masses; the people

R

然而	rán'ér	yet, but, however, nevertheless
然后	ránhòu	then; after that; afterwards
让	ràng	to let, to allow; give way
热	rè	hot; high in temperature; heat up; warm up
热烈	rèliè	warm, enthusiastic
热闹	rènao	lively; bustling with noise and excitement
热情	rèqíng	fervent, warm
人	rén	human being; person, people
人家	rénjia	others
人口	rénkǒu	population; family size
人类	rénlèi	mankind; human race
人们	rénmen	people
人民	rénmín	the people
人生	rénshēng	life
人物	rénwù	figure, personage, character
人员	rényuán	personnel, staff
认识	rènshi	get to know; get acquainted with
认为	rènwéi	to think, to consider
认真	rènzhēn	conscientious, earnest, serious

任何	rènhé	any, whichever, whatever
扔	rēng	throw away; cast aside
仍	réng	remain, still, yet
仍然	réngrán	still, yet
日	rì	day date
日子	rìzi	day; daily life
容易	róngyì	easy
肉	ròu	meat
如	rú	if, as; be like; for instance
如此	rúcǐ	so, such; this way
如果	rúguǒ	if; in case; in the event of; supposing that
如何	rúhé	how; what about
如今	rújīn	now, nowadays
入	rù	to enter; go in
若	ruò	if; as if

S

撒	sā	to cast, to release
三	sān	three
三十	sānshí	thirty
散	sǎn	loose, scattered
散	sàn	to disperse, to distribute
森林	sēnlín	forest
沙发	shāfā	sofa
山	shān	mountain
山上	shān shang	on the mountain
伤	shāng	to hurt, to injure; wound, injury
商店	shāngdiàn	shop, store
商量	shāngliang	to consult, to discuss; talk over
上	shàng	up, above; go up
上班	shàngbān	go to work; start work
上课	shàngkè	give a lesson; have a lesson
上来	shànglái	to start; come up
上面	shàngmiàn	above, over; on top of
上去	shàngqù	go up

上午	shàngwǔ	morning
上学	shàngxué	to study; attend school
少	shǎo	few, little; lack
少	shào	young; young master
少年	shàonián	teenager, juvenile
少爷	shàoye	young master
蛇	shé	snake, serpent
社会	shèhuì	society
谁	shéi	who(m)
身	shēn	body; main part of a structure
身边	shēnbiān	one's side
身上	shēn shàng	on one's body
身体	shēntǐ	body (of a human or animal)
身子	shēnzi	body
深	shēn	deep
什么	shénme	what; express explicit meaning, referring to the thing uncertain or unspoken
神	shén	god, spirit; supernatural, mystical
婶	shěn	aunt, auntie
甚至	shènzhì	even; so far as to; so much so that
生	shēng	to grow, to produce, to live; give birth to; alive, green
生病	shēngbìng	fall ill
生产	shēngchǎn	to produce
生存	shēngcún	to live, to survive, to subsist
生活	shēnghuó	life, livelihood
生命	shēngmìng	life
生气	shēngqì	take offence; be/get angry; be offended
生日	shēngrì	birthday
声	shēng	sound
声音	shēngyīn	sound, voice
绳	shéng	rope, string
失败	shībài	failure; to fail
失去	shīqù	lose
失望	shīwàng	disappointed

师傅	shīfu	used to address strangers in everyday life, similar to "mister" or "sir"
诗	shī	poem
狮子	shīzi	lion
十	shí	ten
十二	shí'èr	twelve
十分	shífēn	very, fully, utterly, extremely, completely
十几	shíjǐ	a dozen of
石头	shítou	stone, rock
时	shí	time, hour, season
时代	shídài	times, age
时候	shíhou	moment, time, period
时间	shíjiān	time
时期	shíqī	period
实际上	shíjìshàng	actually; in fact; as a matter of fact
实在	shízài	true, real, honest, dependable
实在	shízai	indeed; really
使	shǐ	to make, to cause, to enable
使用	shǐyòng	to use
始终	shǐzhōng	always; all along; from beginning to end
士兵	shìbīng	soldier, private
世纪	shìjì	century
世界	shìjiè	world
市场	shìchǎng	market, marketplace
似的	shìde	seem to be; just like
事	shì	matter, thing, business
事情	shìqing	matter, business, circumstance, event, affair, occurrence
事物	shìwù	thing, object
事业	shìyè	cause, undertaking
试	shì	to try
试试	shìshi	have a try
是	shì	to be; this
是否	shìfǒu	whether

收	shōu	to receive, to accept
收入	shōurù	income; revenue
收拾	shōushi	put in order, to tidy; clear away
手	shǒu	hand
手里	shǒu li	in one's hand
首	shǒu	head, leader, first
首先	shǒuxiān	first of all
受	shòu	to receive, to accept, to suffer, to endure
受到	shòudào	to accept, to receive
售货员	shòuhuòyuán	shop assistant; salesclerk
瘦	shòu	thin, emaciated, become thin
书	shū	book
书店	shūdiàn	bookshop, bookstore
叔（叔）	shū(shu)	uncle; father's younger brother
舒服	shūfu	pleased, comfortable
蔬菜	shūcài	vegetables, greens
熟悉	shúxi	be familiar with
数	shǔ	to count, to enumerate
树	shù	tree
数	shù	number, figure
数学	shùxué	mathematics
摔	shuāi	to fall, to tumble, to break
双	shuāng	pair, couple
水	shuǐ	water
水果	shuǐguǒ	fruit
水平	shuǐpíng	standard, level (of skill, ability and knowledge, etc.)
睡	shuì	to sleep
睡觉	shuìjiào	to sleep; go to bed
顺利	shùnlì	smooth
说	shuō	to say, to speak, to talk
说道	shuōdào	to say, to tell
说话	shuōhuà	to speak, to talk, to say
说明	shuōmíng	to explain, to illustrate, to show
说完	shuōwán	finish one's talk

司机	sījī	driver
思想	sīxiǎng	thought
死	sǐ	die
四	sì	four
四十	sìshí	fourty
似乎	sìhū	seemingly; as if
送	sòng	give sb. sth. as a gift; see sb. off; escort or provide transportation for sb.
送给	sònggěi	to send, to present
宿舍	sùshè	dormitory; living quarters
算	suàn	to count; regard sth. as
虽	suī	although; even though
虽然	suīrán	although
随便	suíbiàn	casual, random, informal
随着	suízhe	along with; in the wake of; in pace with
岁	suì	year (of age)
所	suǒ	place, location, bureau
所谓	suǒwèi	what is called; so-called
所以	suǒyǐ	so, therefore
所有	suǒyǒu	all

T

他	tā	he, him
他们	tāmen	they, them
它	tā	it, its
它们	tāmen	(things or animals) they, them
她	tā	she, her
她们	tāmen	(female) they, them
台	tái	classifier used for machines
抬	tái	to lift; to raise; to move; to carry
太	tài	(in expressing approval or compliment) very much; extremely, too, excessively
太太	tàitai	wife, Madame
太阳	tàiyáng	sun
太祖母	tài zǔmǔ	great-grandmother
态度	tàidu	manner, attitude
谈	tán	to talk, to speak, to chat, to discuss

谈话	tánhuà	to talk, to chat, to converse
叹	tàn	to sigh, to exclaim
汤	tāng	soup
躺	tǎng	lay down; to recline
趟	tàng	time (of walk or trip)
讨论	tǎolùn	to discuss
讨厌	tǎoyàn	to dislike, to hate
套	tào	set, sheath; to cover, to trap
特别	tèbié	very, exceptionally, particularly, specially; special, unusual, particular; out of the ordinary
特点	tèdiǎn	characteristic; distinguishing feature; fingerprint; particular; distinctive mark
疼	téng	ache, hurt
提	tí	to raise, to mention
提出	tíchū	to propose; to raise; put forward
提高	tígāo	to lift, to raise, to heighten, to enhance, to increase, to improve, to advance; development, improvement
提供	tígōng	to give, to provide, to supply, to offer
题	tí	question
替	tì	to replace; on behalf of
天	tiān	sky, day
天空	tiānkōng	sky, heaven
天气	tiānqì	weather
天上	tiānshàng	sky, heaven
天天	tiān tiān	each day
甜	tián	sweet
挑	tiāo	to pick, to choose, to select, to shoulder
条	tiáo	classifier used for long and slender things
条件	tiáojiàn	requirement, prerequisite, qualification
跳	tiào	to jump
贴	tiē	keep close; to stick
听	tīng	to hear, to listen, to obey, to accept
听到	tīngdào	to hear
听见	tīngjiàn	to hear

听说	tīngshuō	hear of; be told
停	tíng	to stop, to halt, to cease
挺	tǐng	very, quite, pretty, rather
通	tōng	lead to; through
通过	tōngguò	pass through; get past; to traverse; by means of; by way of; by, through; to adopt (a motion or proposal), to approve, to pass
同	tóng	be the same; with
同时	tóngshí	at the same time
同学	tóngxué	student, classmate
同样	tóngyàng	same, similar, alike
同意	tóngyì	to agree, to approve
同志	tóngzhì	comrade
痛苦	tòngkǔ	suffering; painful
偷	tōu	to steal
头	tóu	head
头发	tóufa	hair
透	tòu	to penetrate; (of clothes) soak through
突然	tūrán	sudden, abrupt, unexpected; suddenly, abruptly, unexpectedly
图书馆	túshūguǎn	library
吐	tǔ	to spit, to say; pour out
吐	tù	to vomit; throw up
推	tuī	to push
腿	tuǐ	leg

W

外	wài	outer; outside; not of one's own family, clan, class, locality, school, etc.
外国	wàiguó	foreign country
外面	wàimiàn	out, outside, exterior
完	wán	to finish; be used up; run out
完成	wánchéng	to accomplish, to complete, to finish, to achieve, to fulfill
完全	wánquán	completely, absolutely, entirely, all, totally

玩（儿）	wán(r)	have fun; to play; entertain oneself
晚	wǎn	late; evening
晚饭	wǎnfàn	dinner, supper
晚上	wǎnshang	evening
碗	wǎn	bowl; a bowl of
万	wàn	ten thousand
往	wǎng	to, toward
往往	wǎngwǎng	always
忘	wàng	to forget
忘记	wàngjì	to forget; go out of one's mind
望	wàng	to watch; look into the distance
危险	wēixiǎn	dangerous; danger
微笑	wēixiào	to smile
为	wéi	to do; serve as
伟大	wěidà	great, mighty
为	wèi	for; on account of
为了	wèile	for
为什么	wèi shénme	why
未	wèi	not; not yet
位	wèi	classifier used for people
味道	wèidào	flavor, taste
喂	wèi	hello, hey, hi
文	wén	character, writing; written language
文化	wénhuà	culture, civilization
文明	wénmíng	civilization, culture
文学	wénxué	literature
文章	wénzhāng	essay, article
文字	wénzì	character, writing
问	wèn	to ask, to inquire
问题	wèntí	question, problem
我	wǒ	I, me
我国	wǒ guó	our country
我家	wǒ jiā	my family
我们	wǒmen	we, us
握	wò	to hold

屋里	wū li	in the room
屋子	wūzi	room
无	wú	have not; there be not
无法	wúfǎ	unable, incapable
无论	wúlùn	no matter what, how, etc.; regardless of
五	wǔ	five
五十	wǔshí	fifty

X

西	xī	west
西方	xīfāng	west
西方	Xīfāng	the West
吸引	xīyǐn	to attract, to fascinate
希望	xīwàng	to hope, to wish; be desirous of
习惯	xíguàn	be accustomed to; be/get used to; habit, custom; usual practice
洗	xǐ	to wash, to develop (a picture)
喜欢	xǐhuan	to like; be interested in
下	xià	under, below
下班	xià bān	finish work; be off duty
下来	xiàlái	come down
下面	xiàmiàn	lower place; next
下去	xiàqù	go down
下午	xiàwǔ	afternoon
吓	xià	to frighten, to scare
夏天	xiàtiān	summer
先	xiān	first
先生	xiānsheng	(addressing) Mr., Mister, sir
鲜花	xiānhuā	fresh flowers
显得	xiǎnde	to seem, to appear
现代	xiàndài	modern; modern time
现实	xiànshí	reality; real, realistic
现象	xiànxiàng	phenomenon, appearance
现在	xiànzài	now, nowadays; at present
相	xiāng	mutually; each other
相当	xiāngdāng	quite, fairly, considerably

相同	xiāngtóng	same
相信	xiāngxìn	believe in; be convinced of; have faith in; place reliance on
香	xiāng	fragrance; delicious
箱子	xiāngzi	chest, box
享受	xiǎngshòu	to enjoy; enjoyment
响	xiǎng	sound; make a sound
想	xiǎng	to want; would like to; to think, to miss
想到	xiǎngdào	think of; call to mind
想起	xiǎngqǐ	to remember; call to mind
想象	xiǎngxiàng	imagination; to imagine
向	xiàng	to, towards
相	xiàng	appearance, image, photo
象征	xiàngzhēng	to symbolize; symbol
像	xiàng	look alike; for example
消失	xiāoshī	to disappear, to vanish
消息	xiāoxi	information, news
小	xiǎo	small, little; become smaller; the youngest
小伙子	xiǎohuǒzi	young man
小姐	xiǎojiě	Miss
小时	xiǎoshí	hour
小时候	xiǎoshíhou	in one's childhood
小心	xiǎoxīn	take care; careful
校园	xiàoyuán	campus; school grounds
笑	xiào	to laugh, to smile
笑话	xiàohua	to joke; to laugh at; to mock
些	xiē	some; a little bit
写	xiě	to write
谢	xiè	to thank, to decline
谢谢	xièxie	to thank
心	xīn	heart
心里	xīnlǐ	heart, mind
心理	xīnlǐ	psychology, mentality
心情	xīnqíng	mood; frame of mind; temper
心中	xīnzhōng	heart, mind

新	xīn	new, up-to-date
新年	xīnnián	New Year
新闻	xīnwén	news
新鲜	xīnxiān	fresh
信	xìn	letter; believe in
兴奋	xīngfèn	excited
兴趣	xìngqù	interest
星期	xīngqī	week
星期六	xīngqīliù	Saturday
行	xíng	to travel, to walk; capable
行为	xíngwéi	action, behavior
形态	xíngtài	form, shape, pattern
形象	xíngxiàng	image, figure; vivid
醒	xǐng	wake up
幸福	xìngfú	happy; well-being, happiness, bliss
性格	xìnggé	character, nature, temperament, disposition
姓	xìng	surname; take … as surname
休息	xiūxi	to relax; have a rest; take a break
修	xiū	to decorate, to repair
需要	xūyào	to need; need
许多	xǔduō	many, much; great deal of; a lot of;
选	xuǎn	to choose, to select
选择	xuǎnzé	to choose, to select, to pick; choice, selection, option
学	xué	to learn, to study
学会	xuéhuì	to learn, to master
学生	xuésheng	student
学问	xuéwen	learning, knowledge
学习	xuéxí	to learn, to study
学校	xuéxiào	school, college
雪	xuě	snow
血	xuè	blood
寻	xún	to seek; look for

Y

呀	ya	exclamation to show surprise

烟	yān	to smoke; cigarette
研究	yánjiū	to investigate, to examine; go into
颜色	yánsè	color, countenance
眼	yǎn	eye
眼睛	yǎnjing	eye
眼泪	yǎnlèi	tear
眼前	yǎnqián	before one's eyes; at the moment
演员	yǎnyuán	actor, actress
羊	yáng	sheep
阳光	yángguāng	sunshine, sunlight
养	yǎng	to raise, to cultivate
样子	yàngzi	appearance, shape, form
要求	yāoqiú	to ask, to request, to demand; requirement, claim
摇	yáo	to shake, to wave
咬	yǎo	to bite, to snap
药	yào	medicine
要	yào	to want, to demand; be going to
要是	yàoshi	if; in case
钥匙	yàoshi	key
爷爷	yéye	grandfather, grandpa
也	yě	also; as well
也许	yěxǔ	probably, perhaps, may
夜	yè	night
夜里	yèlǐ	at night
一	yī	one
一百	yìbǎi	one hundred
一般	yìbān	general, ordinary, common
一半	yíbàn	half; one half
一辈子	yíbèizi	all one's life; one's whole life
一边	yìbiān	while, as; at the same time; simultaneously
一部分	yíbùfen	one part
一点(儿)	yìdiǎn(r)	a bit; a little
一定	yídìng	certainly, necessarily; fixed, specified, regular

一个	yí gè	a, one
一共	yígòng	altogether; in all
一会儿	yíhuìr	a moment
一家	yì jiā	one family
一句话	yí jù huà	in a word; in short
一口气	yìkǒuqì	one breath; in one breath
一块	yí kuài	one piece; one chunk
一面	yí miàn	one side; at the same time
一年	yì nián	one year
一起	yìqǐ	together
一切	yíqiè	all, every
一生	yìshēng	all one's life; one's whole life
一时	yìshí	a period of time; for a short time
一天	yì tiān	one day; the whole day
一下	yíxià	once; in a short while
一下子	yíxiàzi	once; in a short while
一些	yìxiē	a number of; some
一眼	yìyǎn	a glance
一样	yíyàng	the same; alike
一阵	yízhèn	a period of time
一直	yìzhí	always; all the time
衣服	yīfu	clothing, clothes, dress
医生	yīshēng	doctor, surgeon
医院	yīyuàn	hospital
依然	yīrán	still; as before
乙	yǐ	second
已	yǐ	to stop, to end; already
已经	yǐjīng	already, yet
以	yǐ	by, with; because of; so that
以后	yǐhòu	after, afterwards
以及	yǐjí	and; as well as
以前	yǐqián	before, previously, formerly
以上	yǐshàng	over; more than; the above-mentioned
以外	yǐwài	beyond, outside; other than
以为	yǐwéi	to think, to believe, to suppose

椅子	yǐzi	chair
艺术	yìshù	art
意见	yìjiàn	view, opinion, idea
意思	yìsi	meaning, hint, opinion, idea, interest, enjoyment
意义	yìyì	significance, meaning
意愿	yìyuàn	to wish, to desire; aspiration
因	yīn	for; on account of
因此	yīncǐ	so, therefore, consequently
因为	yīnwèi	because
音乐	yīnyuè	music
银行	yínháng	bank
引起	yǐnqǐ	to cause; lead to; give rise to; bring about
印象	yìnxiàng	impression, feeling
应	yīng	should; ought to
应当	yīngdāng	should; ought to
应该	yīnggāi	should; ought to
英文	Yīngwén	English
英语	Yīngyǔ	English
樱花	yīnghuā	cherry blossom
营业员	yíngyèyuán	shop assistant; salesclerk
赢	yíng	to win
影响	yǐngxiǎng	to influence, to affect
应	yìng	to answer, to respond
硬	yìng	hard, tough
永远	yǒngyuǎn	forever, perpetually
用	yòng	to use; usage
尤其	yóuqí	especially, particularly; in particular
由	yóu	from
由于	yóuyú	due to; owing to; as a result of
邮局	yóujú	post office
游	yóu	to travel, to swim
游戏	yóuxì	game, recreation
友好	yǒuhǎo	friendly, amicable
有	yǒu	to have, to be, to exist; there be

有的	yǒude	some
有点（儿）	yǒudiǎn(r)	some; a little bit
有关	yǒuguān	have sth. to do with; related, concerned
有名	yǒumíng	famous, celebrated
有趣	yǒuqù	interesting, fascinating, amusing
有人	yǒurén	someone
有时	yǒushí	sometimes; now and then
有时候	yǒu shíhou	sometimes
有些	yǒuxiē	some
有意思	yǒu yìsi	interesting
又	yòu	again; once more
于	yú	at, from, by
于是	yúshì	therefore; as a result
鱼	yú	fish
愉快	yúkuài	happy, glad, joyful
与	yǔ	and, with
雨	yǔ	rain
语法	yǔfǎ	grammar
语汇	yǔhuì	vocabulary; word stock
语言	yǔyán	language
预报	yùbào	forecast; to forecast
遇到	yùdào	to meet, to encounter
元	yuán	RMB yuan
园林	yuánlín	garden, park
原来	yuánlái	former, original
原谅	yuánliàng	to forgive
原因	yuányīn	reason, cause
圆	yuán	round; circle
远	yuǎn	far
院子	yuànzi	yard, courtyard
愿	yuàn	to hope, to wish; be willing
愿意	yuànyì	be willing; be ready
约	yuē	to arrange; make an arrangement
约会	yuēhuì	appointment; date with
月	yuè	moon, month

月亮	yuèliang	moon
越	yuè	increasingly; more and more
越来越	yuèláiyuè	increasingly; more and more
云	yún	cloud
运动	yùndòng	sports, movement, campaign

Z

杂志	zázhì	magazine
再	zài	again, more, further
再见	zàijiàn	goodbye
在	zài	to exist; at, in
在家	zàijiā	at home
咱们	zánmen	we, us
脏	zāng	dirty
早	zǎo	early
早晨	zǎochen	early morning
早就	zǎojiù	long ago; as early as
早上	zǎoshang	early morning
早已	zǎoyǐ	long ago; for a long time
造成	zàochéng	to cause; lead to; bring about
则	zé	rule, norm; piece, item
责任	zérèn	duty, responsibility
怎么	zěnme	inquiring for property, condition, way, and cause, etc.
怎么办	zěnme bàn	what if; what shall we do
怎么样	zěnmeyàng	how about it; what do you think (inquiring for comments and suggestions as an independent sentence)
怎样	zěnyàng	how…; how about…
增加	zēngjiā	increase
占	zhàn	to occupy; be in a certain situation
站	zhàn	to stand; station
张	zhāng	classifier used for paper, bed, table, face, etc.; open up
长大	zhǎngdà	grow up
掌柜	zhǎngguì	shopkeeper, manager
掌握	zhǎngwò	to master, to control, to grasp

丈夫	zhàngfu	husband
着急	zháojí	to worry; feel anxious
找	zhǎo	to seek; look for
找到	zhǎodào	to find; find out
照	zhào	to shine
照顾	zhàogù	look after; take care
照片	zhàopiàn	photo, picture
照相机	zhàoxiàngjī	camera
者	zhě	-er, -ist
这	zhè	this
这次	zhè cì	this time
这儿	zhèr	here
这个	zhège	this
这里	zhèli	here
这么	zhème	in this way; like this
这时	zhè shí	now; at the moment
这时候	zhè shíhou	now; at the moment
这些	zhèxiē	these
这样	zhèyàng	in this way; like this
这种	zhè zhǒng	like this; of this kind
着	zhe	used after a verb or an adjective to indicate the continuation of an action or a state
真	zhēn	indeed, really
真实	zhēnshí	true, real
真正	zhēnzhèng	genuine, true, real
整个	zhěnggè	whole, entire
正	zhèng	just, right
正好	zhènghǎo	just in time; by chance
正是	zhèng shì	just, exactly
正在	zhèngzài	in the process of; in the course of; in the middle of
证明	zhèngmíng	to prove; testimonial
政治	zhèngzhì	politics; political affairs
之	zhī	auxiliary word, used to form a gramatical structure

之后	zhīhòu	later, afterwards
之间	zhījiān	between, among
之前	zhīqián	before; prior to
之一	zhī yī	one of
之中	zhī zhōng	in, among
支	zhī	(for pen, cigarette, etc.)
知	zhī	to know; be aware of; knowledge
知道	zhīdào	to know; be aware of
知识	zhīshi	knowledge
直	zhí	straight, upright; just, simply
直到	zhídào	until; up to
直接	zhíjiē	direct, straight forward
值得	zhídé	to deserve; be worth
职员	zhíyuán	office worker; staff member
植物	zhíwù	plant
只	zhǐ	only, merely, just
只好	zhǐhǎo	have to; be obliged to
只见	zhǐ jiàn	only to see
只能	zhǐ néng	have to; have no choice but to
只是	zhǐshì	just, merely; no more than
只要	zhǐyào	as long as
只有	zhǐyǒu	only
纸	zhǐ	paper
指	zhǐ	finger; point to
至	zhì	to arrive, to reach; most, extremely
至于	zhìyú	as for; go so far as to
治	zhì	to cure, to treat, to govern, to control
中	zhōng	middle, inside
中间	zhōngjiān	center, middle
中文	Zhōngwén	Chinese language
中午	zhōngwǔ	noon, midday
中心	zhōngxīn	center, middle
中医	zhōngyī	traditional Chinese medicine
终于	zhōngyú	at last; finally
种	zhǒng	seed, origin, kind, type

中	zhòng	hit; fit exactly; fall into
众	zhòng	many, numerous; crowd
众人	zhòngrén	everyone, everybody
种	zhòng	to grow, to plant, to cultivate
重	zhòng	heavy, weighty
重要	zhòngyào	important, critical
周末	zhōumò	weekend
周围	zhōuwéi	surrounding
竹子	zhúzi	bamboo
主人	zhǔrén	host, owner
主任	zhǔrèn	director, head, chief
主要	zhǔyào	major, main
主意	zhǔyi	opinion, idea
煮	zhǔ	to boil
住	zhù	to live, to stay, to dwell
注意	zhùyì	pay attention to; keep an eye on; take notice of
祝	zhù	to wish, to pray
著名	zhùmíng	famous, celebrated
抓	zhuā	to seize, to catch
专家	zhuānjiā	expert, specialist
转	zhuǎn	to turn, to convert, to transfer
转	zhuàn	to spin, to rotate, to stroll
赚钱	zhuànqián	make money
装	zhuāng	to put, to pack
撞	zhuàng	to collide, to rush, to encounter; run into
追	zhuī	court (a girl)
准	zhǔn	accurate, precise; to allow, to permit
准备	zhǔnbèi	be going to; to prepare; preparation, arrangement
捉	zhuō	to catch, to grasp
桌子	zhuōzi	desk, table
资料	zīliào	material, data, means
子	zǐ	son, child
仔细	zǐxì	careful, attentive

自	zì	self; since
自己	zìjǐ	self, oneself; one's own
自然	zìrán	nature; natural world
自行	zìxíng	by oneself; of one's own accord
自由	zìyóu	free; freedom
字	zì	character
总	zǒng	general, total; always
总是	zǒngshì	always
走	zǒu	to walk, to go, to leave
租	zū	to rent
足球	zúqiú	soccer, football
组	zǔ	group, crew, set
组合	zǔhé	to compose; make up; combination
组织	zǔzhī	to organize; organization
祖国	zǔguó	motherland, homeland
嘴	zuǐ	mouth
嘴里	zuǐ li	in one's mouth
最	zuì	the most
最好	zuìhǎo	had better; would be best; may as well
最后	zuìhòu	finally
最近	zuìjìn	recently, lately
尊重	zūnzhòng	to respect; respect
昨天	zuótiān	yesterday
左右	zuǒyòu	around, about, approximately
作	zuò	to make, to rise, to write
作家	zuòjiā	writer, author
作品	zuòpǐn	works
作为	zuòwéi	deed, accomplishment; serve as
作业	zuòyè	homework
作用	zuòyòng	effect; to influence
坐	zuò	to sit; travel by (a vehicle)
坐下	zuòxià	sit down
座	zuò	seat, place
做	zuò	to make, to produce, to do

责任编辑：陆　瑜
英文编辑：薛彧威　吴爱俊
封面设计：古　手
封面摄影：陆贞松

图书在版编目（CIP）数据

汉语分级阅读. 1500 词 / 史迹编著. —北京：华语教学出版社，2013
ISBN 978-7-5138-0555-1

Ⅰ. ①汉… Ⅱ. ①史… Ⅲ. ①汉语－阅读教学－对外汉语教学－自学参考资料 Ⅳ. ① H195.4

中国版本图书馆 CIP 数据核字 (2013) 第 200014 号

汉语分级阅读·1500 词

史迹　编著

*

©华语教学出版社有限责任公司
华语教学出版社出版有限责任公司
（中国北京百万庄大街 24 号　邮政编码 100037）
电话：(86)10-68320585　68997826
传真：(86)10-68997826　68326333
网址：http://www.sinolingua.com.cn
电子信箱：hyjx@sinolingua.com.cn
新浪微博地址：http://weibo.com/sinolinguavip
北京京华虎彩印刷有限公司印刷
2013 年（32 开）第 1 版
2013 年第 1 版第 1 次印刷
（汉英）
ISBN 978-7-5138-0555-1
定价：49.00 元